***ACCESO GRATIS** a la Lectura en la Nube*

Para visualizar el libro electrónico en la nube de lectura envíe junto a su nombre y apellidos una fotografía del código de barras situado en la contraportada del libro y otra del ticket de compra a la dirección:

ebooktirant@tirant.com

En un máximo de 72 horas laborales le enviaremos el código de acceso con sus instrucciones.

DINÁMICA SOCIAL-ESTÁTICA CONSTITUCIONAL EN LA FASE ACTUAL DESDE EL CONSTITUCIONALISMO CRÍTICO

DINÁMICA SOCIAL-ESTÁTICA CONSTITUCIONAL EN LA FASE ACTUAL DESDE EL CONSTITUCIONALISMO CRÍTICO

CARLOS DE CABO MARTÍN
Catedrático de Derecho Constitucional
Universidad Complutense de Madrid

tirant lo blanch
Valencia, 2024

En caso de erratas y actualizaciones, la Editorial Tirant lo Blanch publicará la pertinente corrección en la página web www.tirant.com.

EDITA: TIRANT LO BLANCH
C/ Artes Gráficas, 14 - 46010 - Valencia
TELFS.: 96/361 00 48 - 50
FAX: 96/369 41 51
Email:tlb@tirant.com
www.tirant.com
Librería virtual: www.tirant.es
DEPÓSITO LEGAL: V-1794-2024
ISBN: 978-84-1056-684-2
MAQUETA: Disset Ediciones

Si tiene alguna queja o sugerencia, envíenos un mail a: *atencioncliente@tirant.com*. En caso de no ser atendida su sugerencia, por favor, lea en *www.tirant.net/index.php/empresa/politicas-de-empresa* nuestro procedimiento de quejas.

Responsabilidad Social Corporativa: http://www.tirant.net/Docs/RSCTirant.pdf

Índice

Presentación

Tras indicarse en el título de este trabajo su contenido ("Dinámica social-Estática constitucional en la fase actual) se añade: "desde el Constitucionalismo crítico". Y entre ese enunciado del contenido y ese añadido podría incluirse , dados los supuestos de que se parte, el término "necesariamente".

Porque este Constitucionalismo crítico que se viene practicando – y aunque se ha teorizado suficientemente interesa ahora esta referencia – tiene como "matriz lógica" (en ese nivel, el "antecedente") el pensamiento crítico que se origina en las primeras corrientes del racionalismo (ilustrado) y se configura a través de su evolución, que consistirá en que, a la pura racionalidad, se va a unir un complejo moral-material (de Kant a Marx, Escuela de Frankfurt, o, Foucault) ; así, el pensamiento crítico vincula la cuestión epistemológica del conocer, lo real (material), como objeto, a la crítica como fin . De ahí su necesaria historicidad que le hace aplicable a los distintos espacios y tiempos y, por tanto, no se configura como exclusivo de ninguno.

El Constitucionalismo crítico participa de esos caracteres, con la peculiaridad de su propio ámbito, de los que ahora interesa detenerse en el primero, el epistemológico, que es al que preferentemente pertenece este trabajo.

Y el problema del conocer siempre ha presentado una dificultad inicial: la distancia sujeto-objeto y los obstáculos para superarla; porque se entiende que el objeto tiene una complejidad que no se capta a través de los conceptos ni aún los más elaborados. Pero, además, hay circunstancias, fases históricas, en las que esta distancia aumenta tan repentina y abruptamente que el equipo intelectual con el que se cuenta para superar esa distancia se ha quedado anticuado e inservible. Y esto es lo que ha ocurrido y está ocurriendo con su correspondiente proyección constitucional : frente al proclamado "fin de la Historia" y, consecuentemente, el fin de la Historia Constitucional, la realidad ha entrado en una fase de cambio tal que ya no puede definirse ni siquiera por lo que se consideró como "aceleración histórica", sino que es necesario acudir - también aquí – a otra categoría ; porque ya no se trata de "procesos" de cambio mas o menos acelerados sino de hechos concretos , repentinos y, a la vez, "rupturistas", que conforman el "acontecimiento".

La Historia es ahora una "Historia de acontecimiento", que, entre otros efectos, rompe y cambia repentinamente las interrelaciones complejas actuales entre los diversos actores y, por tanto, las jurídicas.

A estas nuevas circunstancias, necesitadas de nuevos análisis, es a lo que se está tratando de dar alguna respuesta mediante tres tipos de planteamientos.

Del primero, en cuanto ya conocido al haberse publicado (bajo el título, "La situación Constitucional" actual), baste decir que, a partir de las interrelaciones actuales entre Capitalismo-Democracia-Derecho, se deducía su impacto –real – en el plano constitucional, medido con los parámetros del Constitucionalismo Social y del que resultaba una "situación" no abordable para la teoría y el Derecho Constitucional en los términos en los que se viene entendiendo de manera dominante.

El segundo – y probablemente fundamental en sentido literal – es el que ahora se presenta y, partiendo del anterior, tiene como objeto el análisis de la dinámica y transformación que han tenido lugar desde esa "situación" que se contemplaba. La cuestión central es tratar de explicar y dar cuenta de cómo a una fase histórica como la actual, caracterizada por esa aceleración de los cambios a través de la sucesión de lo que se designa como "Acontecimientos" rupturistas, se corresponde, sin embargo, y parecería que contradictoriamente, una "estática" constitucional formal, y, consiguientemente, también teórica y categorial. Para explicarla se identifican los que se considera que han sido los "factores" constituyentes más influyentes en los distintos procesos histórico-constitucionales ("el conflicto" o "las exigencias del sistema de dominación", alternativamente, y que, según el predominio de uno u otro, han caracterizado a los diferentes espacios y sistemas constitucionales tal como se muestra) ; y se advierte que en esta fase y pese a esa aceleración histórica general , no han actuado como tales, dando lugar a una -real- obsolescencia del Poder Constituyente, cuestión que se analiza con algún detenimiento.

Se pone de manifiesto, a continuación, que ese "estatismo" constitucional no ha supuesto interrupción de la relación realidad-Derecho, sino que lo que ha ocurrido es que ha tenido lugar en unos niveles jurídicos , formalmente no constitucionales, aunque de efectiva y real incidencia Constitucional. Se destaca en este sentido y también se expone con cierta amplitud, la importancia que alcanza , por diferentes vías, el impacto que en el orden jurídico interno (al Estado), produce todo el complejo jurídico que comprende lo que se denomina "el factor exterior" (inter y supraestatal), con mención especial al desarrollo de un "Soft Low", múltiple, diverso y desordenado pero de creciente relevancia – real – Constitucional.

El resultado es un conjunto desorganizado y confuso, de cuestionable, insegura, parcial y hasta cambiante vigencia constitucional. Se rompe así la característica y siempre considerada necesaria estructuración sistemática y aparece una realidad constitucional inabordable desde las categorías con las que se viene tratando. De ahí que haya que acudir a otra epistemología para el análisis de los nuevos componentes en términos reales y sobre ellos adaptar y configurar las categorías jurídico constitucionales; se utilizan elementos de la Ciencia de la complejidad y de la Teoría del caos. Y se concluye mostrando, pese a todo, la coherencia y funcionalidad del "desorden" jurídico y constitucional respecto del "orden" social dominante.

Y ahí termina el contenido de este libro, si bien el proyecto, para completar el estudio de esta problemática , se pretende que incluya un tercero en el que se intentará ya directamente la posible adaptación jurídico – constitucional de la realidad dinámica actual. Se puede adelantar que el supuesto del que se va a partir es el de la "fragmentación", primero de la realidad , problematizando la posibilidad de un conocimiento de lo fragmentario; después, de la realidad jurídica y constitucional, para, finalmente, plantear la posibilidad de una categorización de la – supuesta – fragmentación constitucional, advirtiendo que la conceptualización de esa fragmentación constitucional se hace atribuyéndole (al "fragmento") una entidad distinta a la de ser , solo, "parte de un todo".

PRIMERA PARTE:
REALIDAD-DERECHO CONSTITUCIONAL

Capítulo 1.

Cuestiones previas sobre la relación Derecho-realidad (Técnica, Ciencia, Historia, constitucionales).

El enunciado general hace referencia directa a una cuestión que aquí se va a tratar en aspectos concretos como es la relación existente entre Derecho y realidad, ahora especificada en el ámbito constitucional.

Esta cuestión básica y tratada de manera general, ha recibido múltiples respuestas como las del Historicismo que, en sus diferentes manifestaciones, pone el acento en los aspectos cambiantes y variables de esa relación; las Iusnaturalistas que, contrariamente, destacan los elementos de permanencia e inmutabilidad "esencial"; las que se pueden incluir en el realismo y materialismo que subrayan la complejidad de la interrelación y sus influencias recíprocas; o las positivistas (jurídicas) que, en gran medida, prescinden de ella (de la relación, aunque, después operan sobre sus resultados sin tenerla en cuenta).

Pero al plantear esa cuestión y su desarrollo, se está incidiendo en lo que es y significa la Historia en materia jurídico-constitucional y también aquí hay que fijar una posición en cuanto tiene, igualmente, distintas aproximaciones. Aunque también las posiciones son numerosas, conviene al menos citar -para separarse de ellas en base a la concepción a la que se apunta con la idea de relación y que se completará después- las que entienden que esa Historia es fundamentalmente la de las "doctrinas" que pueden considerarse constitucionales (y se distingue entre las "antiguas" referidas a un "ideal" de orden y las "modernas" que ya se basan en los "principios" establecidos en la Constitución)[1] ; y las que, en otro sentido, afirman las dificultades para una "Historia constitucional", en real y estricto sentido, desde la aparición del Poder Constituyente por la contradicción entre la Historia (constitucional) que es relatividad, contingencia, apertura e imprevisibilidad y el Poder Constituyente que es un absoluto, Poder, fijación de un proyecto indiscutible, por lo que solo cabría una "historia" de las Constituciones, es decir, Historia del Poder constituyente.[2]

La temática se complica al fijar la posición que se mantiene respecto de lo que se puede considerar "la epistemología constitucional" , es decir, el "conocimiento" de esa posible Historia constitucional y ,en concreto, sobre lo que puede en este ámbito aportar el Derecho Constitucional.

Este aspecto remite, asimismo, a una problemática general que, aunque lejana en el tiempo, aflora cuando se plantean otras más concretas y actuales como ocurre ahora. Es la que implican las expresiones que se utilizan de Técnica jurídica y Ciencia del Derecho. Como tampoco se trata de exponerlas se puede directamente partir de la que se considera más extendida y que si bien admite la peculiaridad de una "técnica" concreta en el manejo y aplicación práctica del Derecho, esta "practicidad", se considera que no puede negarse a la Ciencia del Derecho, que se configura también como tal y, además, comprende la "construcción", la interpretación, el conjunto lógico de lo que (sobre todo a partir de la Pandectística y el Positivismo) se conoce como Dogmática; y no sólo se entiende como Ciencia del Derecho a esta configuración sistemática del mismo sino que -se afirma- este es el único contenido posible de la misma; la Ciencia del Derecho tiene, pues, un contenido exclusivamente "endógeno" respecto del objeto del conocimiento al que, en cierta medida, configura; cualquier otra perspectiva se considera que forma parte del "naturalismo social", del realismo o del sociologismo, que se rechazan.

Sin replantear esta “antigua cuestión”, sí cabe hacer dos observaciones para fijar la posición que se mantiene:

Una, es que, respecto del concepto de Ciencia y aun sin problematizar el que subyace en la anterior perspectiva de la Ciencia como “saber sistemático”, tampoco puede desconocerse que “el conocimiento científico” como categoría también se define en base a un elemento causal, en el que se incluye -porque puede serlo- el de interrelación, cuando el objeto se integra o forma parte de un conjunto, de un “todo”, en forma tal que es esa interrelación, su manera de insertarse en él lo que contribuye a determinarlo, explicarlo, en definitiva, a conocerlo. Y, por tanto, esta sería la base para hacer posible de forma real una Historia Constitucional.

La otra observación es que las concepciones citadas, de las que se viene disintiendo, se refieren de manera general al Derecho sin más especificaciones. Y debe tenerse en cuenta que esa concepción surge y se conforma a partir del Derecho privado y aunque se explica y adapta después al Derecho Público sobre todo a partir de la doctrina alemana conocida precisamente así (“Dogmática del Derecho público”) se hace sobre esa base privatista en sus categorías fundamentales (sujeto, personalidad jurídica, relación jurídica, etc.). Y, sin embargo, es imprescindible, una exigencia ineludible epistemológica y metodológicamente, singularizar la cuestión en cuanto se trata de una especificidad diferenciada y que necesita un tratamiento igualmente diferenciado como es el del Derecho en el ámbito constitucional. Sin entrar tampoco en toda la complejidad que indudablemente comprende esta materia, lo que interesa señalar de esa especificidad es que a diferencia del Derecho subconstitucional (Privado o público) el Derecho constitucional y su objeto básico, la Constitución, además de los otros aspectos de supremacía, etc. que en lo que ahora se analiza no interesan, son los componentes “frontera”, “exteriores”, del sistema jurídico, de manera que no es -sólo- que sean los más próximos o “contacten” con la realidad, sino que directamente se relacionan con ella porque surgen más directamente de esa realidad, de su dinámica, de la dinámica real, que no es propiamente Derecho, como ocurre con el Poder Constituyente; por consiguiente, cabe decir que, en cuanto "proviene" de esa realidad y esa realidad es un elemento causal de su objeto de conocimiento, (la Constitución), su tratamiento tiene que incluirla como una exigencia del conocimiento científico antes mencionado.

Este planteamiento es fundamental para seguir avanzando en esta temática y, en particular y a continuación, lo que puede aportar la Historia Constitucional entendida desde estos supuestos.

Porque, desde ellos, cabe considerar que esa Historia constitucional ofrece una muestra de cómo se ha ido concretando esa relación Derecho (constitucional)-realidad, de su importancia y de doble dirección -epistemológica- en cuanto no sólo permite contribuir a explicar la dinámica jurídica en conexión con la real, sino de algo que, para el objeto de que se trata, tiene interés, como es que los cambios en el Derecho (constitucional) pueden servir de indicador sobre lo ocurrido en la realidad, de manera que se considera que la Historia se "escribe" y, por tanto puede "leerse", también, en términos constitucionales. Y, en todo caso, se admite que esa interrelación es, necesariamente, permanente, ininterrumpida y es, precisamente, de la importancia y permanencia de esa interrelación, de la que ha surgido uno de los desarrollos más destacados de la Teoría y el Derecho constitucionales como es el referente al cambio constitucional en sus diferentes formas.

Capítulo 2.

Hipótesis de que se parte sobre el estatismo constitucional y la aceleración histórica (el acontecimiento). Supuestos causales.

De lo que se trata ahora es de plantear si, en las circunstancias actuales, esos supuestos han dejado de tener vigencia y, en consecuencia, se verificaría la hipótesis (que las circunstancias actuales que se analizan después permiten formular) de que esa relación que históricamente se ha mantenido entre la dinámica real y la constitucional, se ha interrumpido; con una característica de la coyuntura actual que añadiría relevancia y singularidad, como es la de que se está pasando por una fase que no sólo ha desmentido, desde los hechos, las distintas tesis que, con diferentes formulaciones a veces no expresas, apuntaban a un "Fin de la historia" (que apoyaría un "Fin de la historia constitucional") sino que se asiste a la evidencia de estar en una fase de transformaciones incomparablemente más rápidas que el ritmo histórico anterior y -así se sostiene- más profundos, lo que autoriza a calificarla de "aceleración histórica" (incluso acentuada y especificada por lo que se dice a continuación).

Resultaría así, no sólo sorprendente, sino contradictorio, que mientras la realidad, en su "totalidad" y, específicamente la realidad sociopolítica, adquiere esa dinámica de rapidez y cambio, el nivel constitucional mantuviera una "estática", no correspondiente; con una peculiaridad que matiza – como se indicaba - fuertemente esta circunstancia, agravándola, como es que se produce en una aceleración histórica específica en la que están presentes elementos de nuevo tipo que hacen que el cambio y su ritmo se produzca de manera también diferente a como lo hacía en las fases anteriores: no mediante un "proceso" sino mediante "hechos" que tienen los caracteres que los convierten en "acontecimientos". Se trata de "hechos" que aparecen como imprevisibles, repentinos, pero rupturistas, con la particularidad de que en la fase actual que se contempla, no tienen el carácter de excepcionalidad que podría suponerse sino que aparecen en forma sucesiva, próximos en el tiempo y con distintos contenidos, que es, justamente, lo que caracteriza esta nueva forma de aceleración de la Historia. Estas circunstancias, de las que se ha dado cuenta en algún estudio anterior, se siguen confirmando. Así, en el ámbito de la economía global se subraya que en el último cuarto de siglo han sucedido cuatro grandes crisis globales, que son cada vez más recurrentes, y a un ritmo también cada vez más rápido y aunque esto es lo que se quiere destacar ahora, tiene también relevancia indicar brevemente que las causas no son las coyunturales que a veces se apuntan (tales como el momento inflacionista actual o la ineficacia de las políticas puramente monetaristas) sino otras que, entendiéndolas según las categorías que aquí se utilizan, tienen su base en la nueva configuración del Capital (predominio protagonista del capital financiero y especulativo en detrimento del productivo) del Trabajo (con una notable disminución del mismo y su repercusión en la creación de valor) y en su relación con el consiguiente efecto de aumento radical de la desigualdad, y, entre otras consecuencias, con su posibilidad conflictiva y su disfuncionalidad; y, puede deducirse también como efecto de lo anterior y que tiene particular interés desde los supuestos que se manejan, señalar lo que se denomina "sociedades sin contrapesos" frente a ciertos problemas y poderes estructurales[3].

Parte de esta problemática de manera menos explicita y con otra finalidad se puso de manifiesto al tratar lo que se denominó "situación constitucional", caracterizada -junto a otros aspectos que ahora no interesan- por la coexistencia de una

Constitución formal y una realidad que, a través de factores tanto externos como internos la contradicen o desconocen en contenidos básicos[4]. El análisis que aquí se hace es no sólo una continuación sino también una exigencia de ese anterior ya que, por una parte, en él sólo se constataban fácticamente una serie de cuestiones; ahora, por la relevancia que adquieren en este planteamiento, deben explicarse para contribuir a dar una respuesta desde el Constitucionalismo crítico que, como se ha repetido, se dirige no tanto a otros planteamientos constitucionales sino a la realidad existente; y, por otra parte, porque la situación ya no es la misma y ha generado una dinámica de la que hay que dar cuenta.[5]

Para ello parece metodológicamente necesario y previo, conocer, identificar, los elementos más relevantes que han condicionado esa relación (Derecho-realidad) históricamente, es decir, en el espacio (sobre todo el Norte, aunque se haga referencia al Sur global como contraste) y en el Tiempo o tiempos constitucionales y ponerlo en relación con la circunstancia actual. Todo ello en el supuesto de observar su contenido exclusivamente desde el punto de vista material, quiere decirse sin valoración previa en base a la cual pudieran sólo admitirse ciertos cambios y excluirse otros.

Generalizando en lo permisible para hacer una interpretación global más que una exposición empírica y partiendo como supuesto básico, tal como se indicaba, del Norte y, más en concreto de Europa y con el Modo de producción capitalista como dominante, puede advertirse que los cambios constitucionales, tanto los resultantes de procesos constituyentes como reformistas, han seguido de manera preferente una de estas dos direcciones que ya inicialmente los diferencia y hasta los contrapone: o bien el impulso y movimiento se ha originado en la sociedad y se ha proyectado "de abajo a arriba", de la sociedad a las instituciones, o, bien se ha producido y ha surgido en una dirección o sentido contrario, es decir, de las instituciones, del Poder, a la sociedad; pero es que esta distinta dirección que muestran en su desarrollo, son la manifestación de hechos más profundos en los que aparece su verdadero y distinto significado y naturaleza: en el primer caso, el origen y causa decisiva estaría en un "Conflicto" (con las características e importancia que tiene en el Capitalismo) que obliga a una respuesta constitucional; y en el segundo, el origen y causa decisiva estaría en "exigencias del sistema de dominación" (igualmente, capitalista) que se pretenden garantizar y legitimar constitucionalmente.

No se desconoce y es apreciable la interrelación que, según las circunstancias, se produce entre ellos y los puede hacer concurrentes, de manera variable, lo que, a su vez, matiza los procesos; pero lo significativo y claramente apreciable es el predominio y la forma en que se produce, del uno sobre el otro.

Capítulo 3.

Verificación: El conflicto y las exigencias del sistema de dominación como alternativas constituyentes definitorias de espacios y tiempos constitucionales distintos.

Conflicto y exigencias del sistema de dominación son, pues, los supuestos causales básicos de los que hay que partir y de los que derivan los caracteres distintivos de los diferentes cambios constitucionales. De manera simplemente ejemplificativa pueden señalarse (con perspectiva dialéctica) tres momentos fundamentales en el desarrollo del constitucionalismo en los que esos supuestos se manifiestan:

El primero tiene que ser también el primero en el orden histórico, con la imposición como dominante del Modo de producción capitalista que se expresa y consolida a través de la formulación constitucional correspondiente y que supone, también en esa forma correspondiente, la aparición histórica del orden constitucional. Por consiguiente, en este primer momento, son las exigencias de la nueva forma de dominación las que se imponen preferentemente. Porque si bien en Europa (y especialmente en Francia) la imposición de la forma constitucional está precedida de lo que se conoce como Revolución burguesa, ya esa misma denominación está indicando al factor burgués como determinante de la misma; es, sin duda, uno de esos supuestos y probablemente el más destacado, en el que, por ser el final de esa etapa tan compleja como es la Transición al Capitalismo, se dan también en el paso al Capitalismo elementos de gran complejidad y, entre ellos, como se decía, la concurrencia de aquellos dos hechos básicos (conflicto y exigencias del sistema de dominación) si bien aparece con la claridad que ofrece su resultado final, que el conflicto que le precede se subordina a él y tiene un carácter instrumental , como se señala, de "exigencia" para la nueva forma de dominación. En Francia aparece con más claridad como ocurre con prácticamente todos los procesos históricos (ya indicaba Marx que era el lugar adecuado para estudiarlos porque se desarrollaban de manera completa) y así ocurre en este caso con el tracto sucesivo Revolución burguesa-Declaración de derechos-Constitucionalismo; pero en otro escenario de espacio y tiempo constitucional como es el de los Estados Unidos, aunque inicialmente aparece menos claro, hay que tener en cuenta, por una parte y fundamentalmente, que la Constitución de 1787 -distanciada ya del conflicto colonial que es de otra naturaleza- establece el modo de producción y la forma de dominación capitalista de manera directa y nada sofisticada como se ha puesto debidamente de manifiesto; el conflicto subsiguiente (la Guerra de Secesión) tiene el significado (aunque tenga otros) y sin duda inequívoco, de consolidar y generalizar la forma de dominación del capitalismo industrial del Norte frente al de plantación (esclavista) del Sur, es decir, de nuevo, una "exigencia" de ese específico sistema de dominación.

Un segundo momento puede entenderse como representativo del predominio del papel constituyente del otro elemento que se consideraba, el Conflicto. Es también el primero de esta naturaleza en cuanto plantea por primera vez el conflicto de clase, producto no ya de la imposición, como en el supuesto anterior, sino del desarrollo que ya ha tenido el modo de producción capitalista. Con la revolución industrial cristalizan las dos clases a que dio lugar ese desarrollo del Capitalismo en Europa, burguesía y proletariado que, por primera vez, se enfrentan de manera directa en los movimientos que con distintas formas y efectos se extienden por Europa a partir de los que se inician en Francia en 1848. Ahora el conflicto, como causa prevalente y prácticamente única, aparece con claridad, así como sus efectos, en las constituciones, que ya recogen nuevos derechos más allá de los estrictamente necesarios al sistema de dominación como ocurre con la ampliación del Derecho de sufragio; es lo que ha permitido considerar a esta fase constitucional como el paso de un constitucionalismo liberal a un (en el nivel histórico en que se produce) constitucionalismo democrático.

Precisamente por su carácter modélico sirvió, como es conocido, para verificar y desarrollar una de las más destacadas teorizaciones sobre el conflicto como fue la de Marx; también, por tanto, debe admitirse esa relevancia del conflicto en el plano constitucional desde el significado constituyente que es el que ahora se contempla.

El tercer momento que se cita con ese carácter ejemplificativo que permite prescindir de la continuidad histórica, es el del Constitucionalismo y el de las Constituciones del Estado Social. Se justifica porque también representa un "modelo", si bien de otro tipo y es que responde a un proceso en el que intervienen muy definidamente y de la manera más históricamente desarrollada y completa, esos dos hechos o elementos causales de que se parte: tanto el conflicto como las exigencias del sistema de dominación; de ahí que se pueda indicar que tiene cierto carácter de "síntesis", en "perspectiva dialéctica" y en el orden lógico más que real o histórico, de forma que es la expresión más completa de esa característica interrelación entre ambos que se indicaba, en su versión más intensa y, relativamente, equilibrada. De ahí que se utilice la expresión "Pacto Capital-Trabajo" para denominarlo. Aunque también, finalmente, aparezca uno de ellos como predominante, como son las exigencias del sistema de dominación, lo que se traducía constitucionalmente en la necesaria "concesión" al Trabajo de unos ciertos derechos sociales, por otra parte, débilmente garantizados. A veces se ha citado como precedente de esta situación a la Constitución de Weimar en cuanto podría aceptarse que en ella se manifiestan aunque en un grado notablemente menor, caracteres como los apuntados.[6]

Capítulo 4.

La expresión diferenciada de esas alternativas en aspectos materiales y formales del modelo constitucional.

A partir de lo anterior, estos dos elementos o hechos causales señalados sirven para aportar especificaciones y explicaciones constitucionales en distintos aspectos:

Primero. Quizás el primero que debe señalarse es que cuando en el proceso constituyente opera como dominante el Conflicto, es decir, como se decía, cuando la dirección es de "abajo arriba", de la sociedad a las instituciones, el proceso es más democrático y participativo que cuando se trata del predominio del otro elemento y se podría también verificar contemplando las constituciones históricas que han surgido de una y otra forma. Y en esta ampliación participativa y electoral debe subrayarse que se incluye de manera señalada el reconocimiento del voto femenino.

Segundo. De acuerdo con lo que antes se decía (al referirse a la relación realidad-constitución) sobre que en la historia constitucional está también "escrita" la "historia real", pueden diferenciarse y a la vez caracterizarse los distintos espacios y tiempos constitucionales (es decir, de los diferentes ámbitos según la presencia que en ellos han tenido los elementos o hechos contemplados); probablemente el ejemplo más destacado se encuentra en la contraposición que cabe establecer respecto de esta cuestión entre Francia y España. Mientras Francia, el "espacio y tiempo constitucional francés", puede considerarse caracterizado por el predominio del conflicto en prácticamente toda su historia constitucional, en España, el espacio constitucional español, cabe entenderlo como caracterizado por el predominio, también a lo largo de todo su tiempo constitucional, del otro elemento, es decir, de las exigencias del sistema de dominación y hasta tal punto que apenas podría hablarse de "Historia" constitucional española (por eso se utilizaba antes la expresión tiempo constitucional) en términos de transformación o cambio real de paradigma. Porque aunque con alguna frecuencia se describe la supuesta historia del constitucionalismo español[7] en términos de alternancia, incluso "pendular", lo cierto es que los criterios que se utilizan son, relativamente accesorios y superestructurales, que no afectan a la Dominación, por lo que se puede afirmar que frente al cambio lo característico es la continuidad[8]. Lo que se conoce como la "vía agraria hacia el capitalismo" seguida en España, con toda sus implicaciones en la configuración de las clases sociales, en la relación centro-periferia y en el tipo de propiedad que se impone, es un factor causal decisivo.

Se podría afirmar -quizás exagerando, aunque sólo relativamente, la tesis- que este predominio de las exigencias del tipo de dominación en los cambios constitucionales en España, es tan característico, que ha permanecido hasta la actualidad. Porque si bien las distancias del tiempo histórico así como el paso de una dictadura a una democracia imponen establecer diferencias radicales en otros planos, en el que aquí se contempla y aunque tenga ya una naturaleza distinta, puede seguirse afirmando que en el proceso constituyente y la Transición de 1978 se impusieron "las exigencias del sistema de dominación". Es decir, fueron las necesidades históricas reales objetivas más que el factor subjetivo, que es el que se destaca en la versión oficial, las que requerían un sistema estructural de reproducción social diferente tanto desde el punto de vista interno como el de las relaciones exteriores. Fueron estas circunstancias las que se impusieron finalmente aunque se sitúe en primer plano y se destaque la existencia de otros ingredientes como el "consenso" entre las elites, precisamente por la coincidencia de intereses que, justamente, se presentaban en esas circunstancias objetivas. Un síntoma o prueba visible de este carácter se mostró en la permanencia, intocable respecto de su configuración en la Dictadura, de los factores que garantizaban la continuidad y la estabilidad en el ámbito estructural del sistema, como fueron el mantenimiento de la Monarquía, el mantener la Administración, el ejército y las fuerzas de seguridad, así como la judicatura.

Tercero. Estos dos hechos o elementos causales que se vienen considerando, se vinculan directamente a categorías y formas político constitucionales de gran relevancia. Así, cuando el predominio en el cambio constitucional se produce en base al conflicto, el proceso constitucional se vincula, como resultado final y de manera suficientemente generalizada, a la República; cuando el predominio en este cambio constitucional corresponde a lo que se ha denominado "exigencias del sistema de dominación", el proceso y resultado final se ha vinculado históricamente y de manera más frecuente, a la Monarquía. El hecho se manifiesta también "a sensu contrario" en base a las excepciones que aparecen en los respectivos espacios constitucionales y que confirman la regla general. Los más significativos son los de España e Inglaterra respecto de la forma monárquica y la excepción republicana.

En España, los procesos constituyentes (y los correspondientes textos constitucionales del proyecto de 1873 y el de 1931) de los que proceden las excepciones republicanas de su historia constitucional, derivan con claridad del Conflicto. En el primer caso, se entiende, de manera generalmente aceptada, que es resultado de la Revolución de Septiembre, como se conoce a la "Gloriosa de 1868" (y así aparece incluso en el preámbulo[9]) que, a su vez, se considera que es la versión española de los movimientos revolucionarios europeos de 1848. Y, asimismo, el Proceso Constituyente de la Segunda República de 1931, es evidente que tiene lugar de "abajo a arriba" ,en cuanto es desde "el abajo" que representaron los resultados de las elecciones en el nivel inferior, las municipales, desde donde se inicia el proceso y se manifestó el conflicto subyacente[10].

El caso inglés es particularmente significativo porque, el que puede considerarse su único proceso realmente constituyente que da lugar también a una única Constitución formal y del que procede la que es, igualmente, la única aparición de la República, es resultado del conflicto (de la "Revolución de Cromwell") que existe en el complejo siglo XVII inglés, fruto del precoz desarrollo del Capitalismo que anticipa en Inglaterra supuestos que aparecerán después en el continente europeo. El *Instrument of government*, (la Constitución que establece la República) es la cristalización y expresión del mismo.

Cuarto. Finalmente y como consecuencia de todo lo anterior, se registran diferencias importantes que, en el orden formal, traducen los aspectos preferentemente materiales citados. Y así, las Constituciones que tienen un origen en el Conflicto son las que históricamente muestran una configuración formal, jurídica, más desarrollada. Inicialmente porque son necesariamente Constituciones escritas (a diferencia de lo que ocurre en el otro supuesto de Constituciones no formales que representa ejemplarmente Inglaterra). La complejidad que implica siempre el conflicto por los diversos intereses y las diversas partes que intervienen, las correspondientes confrontaciones ideológicas y políticas que implica el Republicanismo,[11] hacen que esa multiplicidad de componentes requiera su fijación por escrito; lo que también implica tanto la pretensión de su cumplimiento (normatividad) como su vocación de permanencia.

Capítulo 5.

Hipótesis contraria y conclusión final.

Frente a la posición aquí sostenida y expuesta sobre esa relación Derecho (Constitución)-realidad, existen otro tipo de posiciones contrarias tanto metodológica como de contenido y finalidades que es necesario tener en cuenta tanto para completar la temática como para deducir alguna conclusión de esa contraposición.

Se las puede considerar en su conjunto como funcionales, en el sentido de "función de la Constitución respecto de la realidad" y, con alguna salvedad, de carácter más propositivo que analítico y, en consecuencia, más doctrinal y teórico, e, incluso, "idealista", que la aquí expuesta y hasta en contradicción con ella.

Puede entenderse que su origen se encuentra en la primera fase del Constitucionalismo, si bien todavía se discute entre los historiadores constitucionales cuando surge realmente el Constitucionalismo y si cabe hablar de Constitución en las etapas anteriores a la Revolución francesa, en su cristalización constitucional, y, por tanto, se puede hablar de "Constitución antigua" y "Constitución moderna"[12]; y se discrepa incluso del contenido de ambos aspectos histórico culturales, el "antiguo" y el "moderno"; así, respecto del antiguo se defiende la superioridad de Roma sobre Grecia por su mayor desarrollo jurídico en relación con el Poder (y se contrapone *gubernaculum-iurisdictio*); y en la "Moderna" se discrepa igualmente porque se sostiene que la supuesta racionalidad de la modernidad político constitucional, comienza ya cuando se describe o teoriza sobre la Soberanía (desde Bodino, "perfeccionado", se afirma, por Hobbes) y se supera la fragmentación medieval y se alcanza una cierta Unidad política;[13] y, asimismo, también se aprecian aspectos constitucionales en la Constitución histórica inglesa, especialmente desde la República de 1688 y sus resultados. No obstante, aquí la referencia que se tiene preferentemente en cuenta es la que procede ya del racionalismo explícito del siglo XVIII, es decir, de la Ilustración en su ámbito primero y más desarrollado como es el francés. De acuerdo con ello, el concepto de Constitución se inscribe en la confianza radical, nueva y única que se pone en la Razón como fuente e instrumento eficaz de dirigir la Historia, que, de manera continuada, camina en permanente "progreso".

Y, también de acuerdo con ello, se entiende que frente al conflicto "poliárquico" medieval, se impone ahora la nueva legitimidad de base racional. Se va a considerar que no sólo no es admisible el dejar a las distintas fuerzas sociopolíticas que actúen separadamente sino que existe un medio para dirigirlas coordinadamente que es la Razón expresada en la Constitución. La realidad, ahora, va a estar no sólo regulada sino "sometida" a las normas constitucionales. No se trata, pues, de la Normatividad que aparecerá mucho después (producto de otras circunstancias históricas) porque aquí se trata no ya de que la Constitución se cumpla sino de algo que no sólo es cuantitativamente superior sino cualitativamente: se parte de la realidad y su adecuación integral a la Constitución. Esta será la "Constitución moderna" en los términos en los que -hay que volver a Madame Staël- se encuentra una base importante para la aparición del primer Republicanismo liberal[14]. Más que los elementos democráticos y jurídicos, la confianza en la "Razón", que se incorpora a la norma constitucional, es la base de la nueva legitimidad.

La segunda de esas manifestaciones, que comprende a su vez varias posiciones y que se sitúa también en lo que en el orden histórico, muy genéricamente, se puede considerar igualmente como funcional , es la que puede entenderse con el término habitualmente utilizado como de Integracionismo Constitucional. Como es bien conocido su origen se sitúa en

R. Smend[15] y se sitúa en el ambiente complejo sociopolítico y jurídico de la República de Weimar, como se manifiesta, entre otras formas, en la polémica de Kelsen con Smend. Al tratarse de cuestiones ampliamente difundidas, basta destacar aquí que la aportación de Smend implica la superación del Positivismo jurídico y trata de incorporar al Derecho constitucional y al concepto de Constitución dos elementos hasta entonces ausentes del mismo: el de la realidad y el de los valores. Y, precisamente por ello y aunque ahora es lo que menos importa, no deja de plantear cierta confusión la vinculación entre esos elementos que pueden aparecer como contradictorios; introduce la realidad pero refiriéndola luego a una "concepción espiritual" (del Estado) y lo mismo se puede decir de su apelación al "sentimiento constitucional" que, si, efectivamente, puede admitirse su importancia "integradora", también parece incluir un cierto elemento de "irracionalidad" en un análisis que pretende lo contrario.

Pero lo que interesa señalar es su entendimiento del orden constitucional a través de su "función" integradora de la realidad, de manera que es a través de los distintos mecanismos que se señalan (personales, funcionales y materiales) como se logra la "integración" sociopolítica (de la que la Constitución es su expresión jurídica). Se afirma, pues, la necesaria vinculación de la Constitución con la realidad y, además, que esa vinculación, esa relación Constitución-realidad, es de "integración"[16]. Debe señalarse de nuevo que la aportación de Smend tiene lugar en el antes señalado complejo ambiente de la República de Weimar; se hace esta advertencia porque con posterioridad se le utiliza para, en otros contextos, defender ciertamente unas posiciones de carácter "integrador" pero que ya tienen otro sentido; tal ocurre cuando se hace la referencia a Smend pero, en buena medida, invirtiendo su planteamiento. Así sucede cuando en la actualidad se sostiene que la Constitución y el orden constitucional sólo caben y pueden funcionar como tales cuando se basan en una realidad ya integrada social, económica política y culturalmente.

El ejemplo más característico de esta posición es el que se mantiene por importantes sectores de la doctrina constitucional actual que afirman que la dificultad o imposibilidad para la existencia de una "Constitución europea" es, justamente, la ausencia de esa "integración" o, como se dice más concretamente, la no configuración de un real "populus" europeo que le confiera identidad (Zagrebelsky) y posibilite una "ciudadanía europea".

Y, sin hacer mención a Smend en concreto, puede afirmarse que en gran parte de la doctrina y de la jurisprudencia constitucional actuales se encuentra de forma mayoritaria y de manera más o menos expresa, el entendimiento de la relación Constitución-Realidad o bien como integración o como vocación, tendencia o aspiración a que lo sea. El fondo de la cuestión que subyace en esta posición de generalización integradora, se encuentra, también materialmente, en otra posición de amplia vigencia actual aunque de otra procedencia epistemológica como es la aplicación que se hace al ámbito jurídico constitucional de la Teoría de los sistemas.

A partir de la difusión y sobre todo de una notable vulgarización de la tesis de Luhmann, la Teoría de los sistemas se aplica más o menos explícitamente al Derecho y a la Constitución en su interacción con la realidad sociopolítica, entendiéndola como "integrada" en cuanto los distintos subsistemas diferenciados se interrelacionan a través de mecanismos de reproducción de continuos equilibrios. Y de nuevo la idea de "equilibrio" en los sistemas complejos adquiere importancia ahora[17]. Porque de la Teoría de los sistemas se acepta aquí que se trata de un conjunto de elementos que interaccionan pero -y esto es lo decisivo- dentro de los límites que permite "el sistema" (es decir, de nuevo, el "equilibrio") para que continúe como tal "sistema". Es decir, que, finalmente, ese conjunto que aparece "diferenciado" en subsistemas, termina actuando, comportándose, decidiendo, "como un todo".

Las tesis subyacentes en estas ideas de integración y sistema se han extendido hasta el punto de que aun en posiciones inicialmente distintas y aun contrarias se registra su huella. Tal ocurre con algunas de las tesis que se encuentran en autores como Habermas considerados en cierta manera antitéticos; porque si en obras anteriores mostró sus diferencias e incluso su oposición a las posturas de Luhmann, sin embargo, en obras posteriores (la más característica es "Facticidad y Validez") empieza a considerar algunas de las posiciones próximas a las defendidas por él, en cuanto entiende el Derecho como un factor "de integración", dado que ,según sostiene, esa "doble validez" del Derecho, tanto instrumental respecto de los sistemas como legitimadora respecto del "Mundo de la vida", permite relacionar ambos espacios .Porque, afirma, que el Derecho termina presentando la misma lógica de los sistemas, de manera que el sistema jurídico permite la "comunicación" tanto entre los sistemas entre sí (político, económico, cultural) como con el Mundo de la vida[18].

Esa utilización generalizada y expansiva de la teoría de los sistemas se basa en gran medida en su nivel de abstracción, lo que vinculado a su pretensión holística hace que, aunque sea muy genéricamente, la dota de una gran capacidad inclusiva. De ahí que se haya aplicado o utilizado para la construcción de otra categoría que tiene también ese carácter holístico como es la de Modo de producción[19]. Se trata, sin embargo, de ámbitos tan distintos en cuanto a sus fuentes y objeto de conocimiento, metodología, contenido y "beligerancia" frente al supuesto "neutralismo sistémico", que no cabe, en una aproximación que mínimamente prescinda de vaguedades o referencias genéricas, establecer la menor relación. Salvo que esa relación se pueda entender como contradicción y suponiendo que la contradicción tenga este carácter "relacional". No obstante, la aproximación se ha hecho, hasta el punto de que, con frecuencia, se utilizan como sinónimos ambos términos (Sistema-Modo de producción) sin plantear siquiera esta cuestión; pero en otras, se hace "teóricamente", planteándose la posibilidad de esa "aproximación" entre ellas de doble dirección, de manera que la Teoría de los sistemas se convertiría en una "Teoría de los sistemas crítica" y, a su vez, la Teoría crítica (en la que se podría incluir la concepción y el método del Modo de producción) se convertiría, igualmente, en una Teoría crítica de los sistemas sociales a través de sucesivas y respectivas adaptaciones[20]. Asimismo, aunque de menor relevancia pero que reafirma esa confusión, es la utilización relativamente generalizada del término Sistema para caracterizar a la crisis económica desencadenada a partir de 2008, en lugar de hablar de crisis del Modo de producción capitalista o simplemente del Capitalismo; y aunque sea excepcional, también muestra esa tendencia a no distinguir esos diferentes ámbitos, el que, en algún caso, se llega incluso a hablar de un enfoque "dialéctico-sistémico", aunque sea sólo para un análisis sectorial[21].

Sin necesidad de exponer ahora esta problemática que ya se ha hecho en distintos trabajos anteriores[22] y tampoco es central ahora, bastará con señalar, respecto de lo que aquí más interesa, que si en la concepción sistémica un aspecto fundamental es la perspectiva de la "estabilidad", de la continuidad, y ,en su caso, de una dinámica intrasistema, lo que supone la exclusión por principio del Conflicto antisistema, es decir, superador y destructor del mismo, en la del Modo de producción sucede algo bien distinto y en clara antítesis; porque si bien se parte, desde un análisis de la realidad, de la interrelación y "correspondencia" entre los componentes de la misma (componentes que ya tienen una especificidad que nada tiene que ver con los que se incluyen en la teoría de los sistemas como son las fuerzas productivas y las relaciones de producción con sus complejas derivaciones) se comprueba la posibilidad de "no correspondencia" y, por consiguiente, la posibilidad del conflicto antisistema, que se proyecte en una transformación del propio Modo de producción social. Se podrían añadir otros aspectos diferenciadores y también otras consideraciones, pero se puede también afirmar que lo específico es esa "potencialidad" distinta que se acaba de exponer y a la que conducen los también distintos elementos respectivos (en uno, la autonomía de cada sistema, autopoiesis, igualdad operacional, códigos cerrados de cada uno respecto de la influencia exterior; en el otro, la desigualdad, la jerarquía dominante de unos sobre otros componentes en determinadas circunstancias históricas, coexistencia contradictoria de elementos de distintos Modos de producción así como la posibilidad permanente de ruptura).

Precisamente, a partir de esta contraposición, se puede establecer una conclusión final sobre todo lo expuesto en esta parte, en el sentido de que las diferentes posiciones que se han citado como expresión de las concepciones sobre el carácter "integrador" en la relación realidad-Derecho y forman la posición dominante, puede considerarse que avalan y que se fundamentan en el factor constituyente que se denominaba "exigencias del sistema de dominación", lo que añade coherencia a todo el planteamiento que se hacía.

SEGUNDA PARTE:
ESTATISMO CONSTITUCIONAL FORMAL-DINÁMICA REAL

Capítulo 1.

Caracterización general-

Con toda evidencia, histórica y lógica, se puede afirmar que de los dos factores señalados como intervinientes fundamentales en la relación estática constitucional-dinámica social (el conflicto y las exigencias del sistema de dominación) uno de ellos, el Conflicto, tiene sólo -y naturalmente cuando lo tiene y alcanza un nivel suficiente, es decir, como potencialidad- un tipo de efecto, en cuanto actúa siempre en el mismo sentido, "dinámico"; supone, por su propia configuración y desarrollo, un complejo "socialmente problemático" cuya existencia y resolución, si alcanza ese nivel de consistencia, se vincula necesariamente a un cambio respecto de la "situación constitucional" en la que se produce.

Por el contrario, el otro factor indicado, "las exigencias del sistema de dominación", puede tener el doble efecto de ser influyente o determinante en el cambio constitucional o, por el contrario, ser, no sólo un factor de estabilidad (es decir, neutral ante el cambio) sino comportarse -objetiva y subjetivamente o en ambos casos- como el factor básico que impide y se opone al cambio o a determinados cambios.

En ambos supuestos, la visibilidad de esos efectos tiene un distinto carácter; obviamente, es máximo en el caso de que uno u otro produzcan el cambio constitucional; si no es así, en el caso del Conflicto, cuando su nivel no alcanza la fuerza constituyente, aunque no se perciba como tal, si denota su presencia con distintos efectos como se verá después.

En el otro supuesto, el de "las exigencias del sistema de dominación", cuando no sólo no actúa como constituyente sino que funciona como "no" o "anti" constituyente, es cuando ese efecto pasa más desapercibido; y hay que tener en cuenta y con carácter condicionante de todo el proceso , que, en cuanto el espacio y tiempo constitucionales a los que se hace referencia son específicamente europeos y prácticamente sin discontinuidades bajo la dominación capitalista, han sido sus "exigencias" las que aparecen como predominantes en un balance histórico final provisional, aunque lo haya sido en una continua tensión con el Conflicto (capital-trabajo) siempre existente y con distintas variables territoriales y temporales.

En este nivel de consideración material de estas cuestiones, podría decirse que -aparte de algunas razones circunstanciales o técnicas- las Reformas constitucionales habrían sido el resultado de estas tensiones que se resolverían finalmente con alguna concesión (al Conflicto) siempre compatible con las exigencias del sistema de dominación que se imponen y a las que finalmente sirvieron esas reformas. Y cuando en algún supuesto se ha producido un proceso constituyente revolucionario creado por el Conflicto (se podría señalar la Constitución portuguesa, resultado de "la Revolución de los claveles", es decir, del conflicto) en muy poco tiempo se revirtió el cambio constitucional, precisamente a través de las reformas, para acomodarlo a las exigencias del sistema de dominación.

Se trata ahora de especificar estas cuestiones y presentar, finalmente, una perspectiva general.

Capítulo 2.

El Conflicto en su actual especificidad.

Es necesario hacer referencia, de un lado, a la evolución y transformación del conflicto básico capital-trabajo y, de otro, a la entidad y caracteres que reúnen en la actualidad los multiconflictos y los nuevos movimientos sociales.

De manera general, la transformación y debilitación del trabajo productivo, la nueva importancia del inmaterial y los efectos de esa separación respecto de la configuración de las relaciones laborales anteriores, los fenómenos migratorios, de una parte; y, de otra, que la expansión del capital a cada vez mayor número de sectores incluso más allá de los estrictamente económicos y por tanto una mayor expansión también de la desigualdad, unido a la creciente complejidad social, han dado lugar a nuevas contradicciones sectoriales y, en consecuencia, al surgimiento de multiconflictos con nuevas subjetividades. Como este es el aspecto que más interesa ahora, debe señalarse que estos nuevos conflictos tanto por partir del mismo origen (la Desigualdad, aunque se manifieste de formas diferentes) como por su transversalidad, tienen -potencialmente- unas bases objetivas para establecer entre ellos procesos de convergencia y, en consecuencia, las de crear un "Común" que aparezca con capacidad constituyente. Y algunas pruebas de todo ello se pueden encontrar en las diversas protestas y movimientos sociales que, surgiendo inicialmente como sectoriales, con rapidez suscitan la incorporación de otros no directamente afectados por la causa original de la protesta (el espacio más habitual es el de los servicios públicos).

Su lugar, el lugar de la protesta, ya no es la fábrica ni reviste la forma caracterizada históricamente de la protesta como era la Huelga sino que se sustituye la huelga por la Manifestación, precisamente no en la fábrica sino en la calle (lo público-común) Manifestación que adquiere un nuevo carácter respecto de las manifestaciones clásicas y que, en buena medida, esa protesta tiene un sentido antisistema y se desarrolla en gran parte fuera de las instituciones.

Los mecanismos más habituales del sistema para "integrar el conflicto" son los institucionales, tanto del tipo de los que ofrecen los mecanismos electorales, como los Sindicatos y Partidos, así como la parcial asunción por parte del sistema de la problemática para neutralizarla, hacerla asumible y desvirtuar la protesta; junto a ellas se configuran también unas formas represivas menos explícitas. No obstante, interesa destacar otras más específicas actualmente como las siguientes:

Primero. El ocultamiento de la problemática real mediante su transformación y traslado a otros ámbitos "ideales". Es el abandono de la racionalidad en el análisis y el planteamiento y su sustitución por la irracionalidad que supone apelar a sentimientos de identidad de distinto tipo o de valores culturales tradicionales, etc.

Es lo que da lugar a la "polarización" como una desvirtuación completa de la política y de los programas reales y transformando esa dialéctica del conflicto en una pura representación retórica.

Segundo. Se destaca un elemento que tiene un significado específico respecto de lo que aquí se plantea. Porque se indicaba antes y es uno de los elementos fundamentales de los que se parte, que se está en una fase de aceleración histórica con especiales características. Pues bien, se plantea que esta "aceleración" puede, en aparente contradicción, convertirse en un factor retardatario del cambio social[23]. Se considera que, además de los procedimientos de alienación con que cuenta el sistema, ha producido otro efecto de carácter "subjetivo", que es, justamente, el que esa aceleración dificulta y hasta impide "tomar conciencia" de lo que ocurre, "situarse", establecer una relación "comprensiva" con el medio y por el contrario "expulsar", colocar al sujeto fuera de él; en consecuencia, la respuesta no es la "resonancia", término con el que H. Rosa designa la respuesta coherente, comprensiva y dominadora de la situación, sino otra "alienación" y la aparición de "falsas conciencias". La concentración de los medios así como la multiplicidad y el descontrol de la información, completan la situación[24].

Pero, además, hay otro efecto de la aceleración histórica que puede también entenderse como amortiguador del conflicto y que guarda una relación más directa con aspectos aquí mencionados. Porque es un hecho evidente que el Tiempo no es una homogeneidad, es decir, que la sociedad (en especial la sociedad de clases) no tiene en su totalidad un solo tiempo; por el contrario existen diferentes tiempos para los distintos sectores sociales que aumentan la complejidad social, de manera que se establece una relación directa entre complejidad social y complejidad de los tiempos; o, en otros términos, que, a medida que aumenta esa complejidad y fragmentación social, aumenta la "diversidad de los tiempos"; y, por todo ello, no sólo hay sectores sociales en "tiempos distintos" sino que, en su conjunto, con la referida complejidad, se produce además de la diferenciación, el aumento de la distancia entre unos tiempos y otros. Y naturalmente cada "tiempo" es el propio y adecuado a la dinámica de los distintos sectores.

Sin embargo, la característica aceleración histórica de la realidad actual, cambia esta relación porque la aceleración se produce no a través – como antes se indicaba - de un "proceso" más o menos rápido pero continuado y determinado por los distintos factores endógenos y por tanto en correspondencia con los desarrollos sociales, sino por un "hecho", por el "acontecimiento". Y el acontecimiento –se decía - es un hecho exógeno, repentino y a la vez rupturista, lo que implica que afecta a la sociedad en su totalidad, sobre la que actúa simultánea y perpendicularmente, desconociendo los diferentes sectores y tiempos y situando la "existencia social" en un solo tiempo; en consecuencia dada la fragmentación actual y la caracterización sectorial de los conflictos correspondientes, la interrupción de los tiempos respectivos y su sometimiento a uno sólo, interrumpe y distorsiona las dinámicas respectivas y se reduce su significado, importancia e identidad por la exigencia de una "respuesta unitaria" (que es ideológica), relativa a toda la sociedad. Se altera, suspende y diluye así la dinámica multiconflicto y sus posibles procesos de convergencia. Este aspecto es fundamental.

Tercero. Un factor que puede situarse en último lugar en cuanto es el último efecto que el sistema produce, es el correspondiente al también último momento de su funcionamiento y que lo configura progresivamente como un sistema "productor de residuos"[25]. Y estos "residuos", no son sólo de carácter material, sino que "la civilización de la basura" lo es en sentido muy amplio y se relaciona con otros elementos de mayor trascendencia en cuanto que, desde el punto de vista económico-social, es un sistema "residual" en el aspecto humano. Es un sistema que produce una serie de "residuos sociales". El deterioro de las relaciones laborales, los excesos de la desigualdad, la dificultad de los movimientos migratorios, están causando dos tipos de efectos: de un lado, el aumento progresivo de lo que se conoce como "exclusión social"; y, de otro, un fenómeno específico del sistema actual que se conoce como el "gran abandono" o la gran renuncia, para referirse al hecho de que buen número de trabajadores, aun con empleo, si bien en precario y mal retribuido, renuncian a él aunque sea quedando en el más absoluto desamparo; lo que se relaciona con ese "abandono" más trágico que es el aumento del suicidio juvenil. Se trata, pues, del impacto de la Desigualdad del Capitalismo en el conjunto del sistema: inicialmente, puede dar lugar a contradicciones básicas en el orden objetivo que se pueden traducir subjetivamente en el conflicto; pero alcanzado un determinado nivel, por su repercusión en los desequilibrios del sistema productivo, pueden ser absolutamente disfuncionales y destructivos para el propio sistema; y, finalmente, llevada al extremo como está ocurriendo, termina dando lugar a patologías sociales como las señaladas. El conjunto de sus efectos es lo que se puede incluir en lo que, aunque de manera mas restringida, se ha teorizado como el "Precio de la Desigualdad" (Stiglitz)[26].

Todos estos elementos son, objetivamente. potenciales componentes y activadores de los conflictos y los nuevos movimientos sociales, sin embargo su trayectoria y desarrollo encauzados acriticamente los convierten en elementos negativos y son por tanto factores que restan eficacia al conflicto.

A partir de lo expuesto se puede entender que, por el momento, la indudable relevancia de los multiconflictos, su reciente dinámica y sus procesos de convergencia, no hayan alcanzado todavía el nivel de fuerza o realidad constituyente[27].

En todo caso y aunque el conflicto no adquiera en la actual circunstancia ese carácter de constituyente, tampoco puede desconocerse sus efectos en la realidad constitucional; no sólo porque son un componente indudable de la "Constitución material" sino porque los diferentes conflictos (en materia de bienes comunes, antiglobalización, pacifismo, cambio climático y , específicamente, Feminismo) han tenido y están teniendo un efecto decisivo en cuanto han sido y siguen siendo "determinantes" de la actual "agenda político-constitucional", en el sentido de que han "determinado" buena parte de los contenidos del "pluralismo integrado" (de los partidos políticos y sindicatos intrasistema) de manera que, aunque sea de forma -como se decía- asumible por el sistema, han hecho que se aborden problemáticas importantes, social y constitucionalmente y hasta ahora eludidas.

Y debe, finalmente, tenerse en cuenta que si bien los conflictos y las subjetividades que los incorporan pueden tener contenidos y desarrollos antisistémicos, sin embargo, tanto por su origen (la desigualdad) como por los valores que defienden (desde la igualdad en los diferentes sectores a las reivindicaciones específicas de cada sector con un carácter colectivo) a los procedimientos (participativos) no se pueden tachar de inconstitucionales. Después se hará alguna referencia más concreta.

Ocurre, no obstante, que, dada la importancia y gravedad agudizada de los problemas de los que resultan los conflictos, su incapacidad para provocar el cambio, incluido el constitucional, y la ausencia de respuestas eficaces desde el sistema está conduciendo en algunos supuestos a la radicalización, con planteamientos incluibles en un "activismo" que justifica finalmente una represión que se instrumentaliza de tal forma que vaya más allá de lo que requeriría la puntual "violación del orden" o el concreto delito cometido .

Capítulo 3.

Las "exigencias del sistema de dominación" como predominante (importancia del factor exterior) y sus efectos materiales y formales en la Constitución

El sistema de dominación actual está presidido por lo que se puede llamar el "elemento exterior", para comprender, dentro del marco general que supone el Capitalismo financiarizado, la Globalización y la Regionalización. Este aspecto exterior (expresado así, con toda su inespecificidad) consiste material y concretamente en una enorme concentración del Capital, con unos muy pocos centros mundiales de decisión que se imponen y determinan los límites y sentido de las democracias constitucionales de los Estados. Es lo que se ha llamado el "Poder corporativo".

Cuentan, además, con la complicidad (coincidencia de intereses o compatibilidad favorecedora, al menos, de los mismos) del Capitalismo interior (si es que se puede distinguir ya en sus manifestaciones más destacadas uno de otro). Se trata de un fenómeno (este de la confluencia del Capitalismo exterior con el interior) que no es nuevo y ha tenido una larga historia. Quizás el caso más lejano pero también el más destacado y primero fue el de la connivencia del capital "Nacional" y sus burguesías en las colonias emancipadas con el Capital exterior de la Metrópoli para continuar la, real, colonización y explotación de las mismas.

Se trata, pues, de un sistema de dominación que no tiene un centro de poder, que no lo necesita, ni siquiera una referencia unitaria, sino que, por el contrario, la rechaza; que no se sustenta en fronteras ni en delimitaciones especiales, que también rechaza, sino que incorpora progresivamente el territorio global en permanente y necesaria expansión.

La configuración es diversa, cambiante y combina aspectos más o menos formales con informales, comprendiendo tanto organizaciones "oficiales" (Fondo Monetario Internacional, Organización Mundial del Comercio, Banco Mundial , regionales como la Unión Europea) y otras mas característicamente privadas (como el G. 8) así como una cierta institucionalización de las relaciones entre "corporaciones", sobre lo que se volverá después y cuya dinámica conjunta produce distintos efectos:

1. Probablemente el más característico y trascendente es la influencia en las decisiones, cuando no las toma directamente, de afectación colectiva en los diferentes Estados, sin publicidad, al margen de todo control y, obviamente, sin responsabilidad alguna. Es lo que se puede considerar como la "privatización de las democracias" o la "ilusión" de las mismas.
2. En el campo del Derecho podría señalarse, inicialmente, el oscurecimiento, la dificultad para el conocimiento del Derecho que en gran medida resulta de muy difícil acceso pero, sobre todo, hay que señalar el cambio en el protagonismo de las categorías.

Porque, en toda la historia del Derecho público el protagonismo ha correspondido, genéricamente, a lo que se puede considerar la Ley como expresión formal de la generalidad, racionalidad, igualdad y "voluntad general"; y, a medida que avanza el proceso de constitucionalización, ha sido la garantía también del proceso democrático participativo y pluralista.

Pero ahora, el que la categoría fundamental (del supuesto "Derecho de la globalización") sea el "negocio jurídico", bajo su forma más extendida como es el contrato, hay que valorarlo en su excepcional significado rupturista. Después se volverá sobre esta cuestión en el sentido muy concreto como es el significado del *soft law,* pero ahora, de manera general, hay que señalar el recorrido histórico de la categoría para apreciar debidamente lo que hay de retroceso en su "vuelta",

Aunque sea con la brevedad que exige un excursus, hay que tener en cuenta que el primer y mayor desarrollo histórico del Derecho es, desde Roma, el Derecho privado, impulsado por la importancia de la propiedad y de la necesidad de establecer y regular las relaciones entre propietarios y, progresivamente, también su relación con los trabajadores.

De ahí que cuando surge y se desarrolla el Estado y lo "público", el Derecho público se construye en buena parte a base de las categorías del Derecho privado que van adquiriendo otras características. La expresión más notable es, probablemente, la Dogmática alemana del Derecho Público (sobre las categorías de sujeto del derecho, relación jurídica, personalidad jurídica, etc.). Hay, no obstante, una categoría de ese Derecho privado que, en este sentido, tiene un recorrido más amplio y distinto como es la del Contrato. Porque no sólo pasa desde el ámbito del Derecho privado al del Derecho púbico sino del propiamente jurídico al específicamente político. Sucede ya en la denominada corriente democrática medieval (Juan de Paris, Nicolás de Cusa, Guillermo de Ockham) que explica el "orden político" como un "contrato monarca-súbditos"; el iusnaturalismo lo utiliza como base común a las distintas corrientes de la escuela (así las distintas formulaciones pactistas de Locke, Hobbes, o, incluso, Rousseau); se incorpora, asimismo, a las concepciones del Estado social (como "pacto capital-trabajo") y adquiere despues distintas formas con el "contractualismo" moderno(como en Rawls) que lo vincula ya al consenso. Resulta, pues, que, desde un punto de vista puramente teórico o formal, la categoría, con significado político, ha estado presente en las distintas etapas desde la transición y el desarrollo del Capitalismo, lo que muestra tanto su utilidad como su potencialidad explicativa; y desde un punto de vista material (salvo los matices que podrían admitirse en la primera de las fases señaladas) ha sido un medio de progresiva importancia en la disolución, absorción o elusión del conflicto. Por eso tiene también importancia señalar ahora su "regreso", exclusivo, al ámbito jurídico, lo que no sólo le concede esa importancia a su protagonismo en el mismo sino lo que puede entenderse como "no necesario" en el otro ámbito, en el político, por la escasa "exigencia" que tiene el conflicto actual (lo que no implica desconocer la existencia de posiciones que ante la problemática presente reclaman un "nuevo Contrato social" y, por consiguiente, se sitúan en el mismo plano y significado que el señalado anteriormente en la historia jurídico política).

Existe, pues, un sistema de dominación que en el aspecto material (y, debe recordarse, en el marco general del predominio del capitalismo financiero cuya ganancia no procede de la explotación y por tanto de la relación laboral), está desterritorializada y que se mueve a través de continuas relaciones trasfronterizas que lo que únicamente necesitan (junto a un cierto "orden") es –como se indicaba- libertad de movimientos, ausencia de controles, desregulación y, por tanto, en el orden formal, un sistema jurídico autónomo y fácilmente adaptable, lo que se completará después.

Si estas son las características y "exigencias de la forma actual de dominación", el paso siguiente debe ser en qué medida se corresponde o no con la configuración constitucional para deducir o no la necesidad de su cambio.

Capítulo 4.

Configuración constitucional y "exigencias del sistema de dominación" en la actualidad. La obsolescencia real del poder constituyente y su ideologización.

Las características de este nivel constitucional actual, por la dificultad que existe para ser definido por las categorías propias del constitucionalismo clásico, se ha considerado ya, en un estudio antes citado, que se configura precisamente por esa dificultad como "situación constitucional"[28]. Tomando del análisis que ahí se hace los elementos ahora necesarios, a los que se añaden otros, cabe señalar lo siguiente.

Inicialmente, de manera general y adelantando algunas observaciones que podrían hacerse después, se trata de una "situación" que corresponde a una Constitución "detenida en el tiempo", en cuanto surge y responde a supuestos, en el orden económico-social del Capitalismo monopolístico, en el orden social expresa aquella totalidad social que comprendía el pacto Capital-trabajo y en el político (constitucional), junto al reconocimiento de los sujetos pluriclase, establecía el garantismo material (intervencionismo) y formal (los respectivos derechos), con lo que la Constitución cumplía el primer requisito que se le asignó en el primer Constitucionalismo, la limitación del Poder, pero de una manera mucho más rigurosa y ampliada en cuanto ya no sólo era la Constitución del Estado sino también de la sociedad. Parece innecesario insistir, no sólo en el cambio sino en la radicalidad del cambio actual que ha llevado a la desaparición de estos supuestos y su sustitución por los del Capitalismo financiarizado y globalizado (Regionalizado) de una parte y, ideológicamente, del Neoliberalismo, de otra.

Y no se trata sólo de supuestos de hecho sino que se han traducido jurídicamente y se han integrado en el Derecho de la globalización y más específica y decisivamente en el Derecho de la Unión Europea. Porque, en este último caso, se ha ido pasando, a través de formas impropias del Estado de Derecho (Constitucional) y sus categorías, de la inicial Primacía (en materia de transferencias competencialmente trasladadas a la Unión Europea a través del principio de atribución que, en principio, se proponía como debidamente formalizado y controlado) a la actual "jerarquía" entre ordenamientos (aspecto impropio, ya que la jerarquía es un principio interno y sólo se da en el interior de cada Ordenamiento y no entre Ordenamientos) y por procedimientos también impropios como la interpretación jurisprudencial o meras "declaraciones" (como la 17 del Tratado de Lisboa); el resultado es la contradicción y real anulación y sustitución de contenidos de la Constitución por ese "factor externo". A ello se une el que la imprecisión, particularismo y, en buena medida, un no evitado confusionismo, con los que se está desarrollando el proceso, hace que tampoco quede fijado con precisión que partes de la Constitución resultan afectadas. Con lo que se trata ya de una Constitución carente de la "unidad" y "completud" en su vigencia para pasar a ser una Constitución "fragmentada" o residual. De todo lo cual se deducen, además, otras características: la Constitución, el orden constitucional, ya no cumple la función inicial de la limitación del Poder, porque ni se dispone de un Poder constituyente ilimitado (lo impide el Derecho de la Unión Europea) ni el Poder constituido tiene ya el poder en su totalidad social, dado el gran desarrollo y ausencia de controles de los "poderes privados" que, por el contrario, se terminan imponiendo; y por otra parte, esa Constitución expresa formalmente lo que no existe (el Estado social, en cuanto no se ha modificado) pero no expresa lo que existe (los nuevos conflictos y, aunque de otra naturaleza, por su importancia hay que citar la nueva realidad virtual)[29] por lo cual esa Constitución adquiere un importante aspecto "aparencial" que sirve, con la colaboración de los grandes aparatos ideológicos incluso del comportamiento de los órganos estatales, para formular toda una "ideología constitucional" en el sentido de que presenta una imagen de normalidad constitucional y, por tanto, legitimadora, que, en la realidad, no existe.

Comparando, pues, aquellas "exigencias del sistema de dominación" (que, por otra parte, no es, ahora, el "territorial constitucional" sino, progresivamente, el global) con esta "situación constitucional", se puede concluir que no sólo existe compatibilidad entre ambos, sino coherencia y adecuación. Y en estas circunstancias si -como se decía y es uno de los supuestos básicos de partida- esas "exigencias del sistema de dominación" era uno de los actores fundamentales para el cambio constitucional, se explica claramente que no existe ninguna razón para ello; pero sí para lo contrario, de manera que, como se indicaba para este supuesto, (a diferencia de lo que ocurría con el otro mencionado como era el del conflicto) puede y de hecho así se comprueba históricamente tener la doble virtualidad de o potenciar el cambio o de neutralizarlo o impedirlo, en este caso es esta última "virtualidad" la que predomina. Sólo cabe matizar los expuesto haciendo alguna salvedad respecto de lo que se decía sobre "el Acontecimiento", si bien más por responder formalmente al planteamiento (es decir, tenerlo en cuenta también en este supuesto) que por razones de fondo.

Porque, además de la distinta relación que tienen con el Acontecimiento en el plano causa-efecto (el capitalismo como causa, el conflicto como efecto), hay que advertir que el Capital -en cuanto es una relación social autónoma- en buena medida, condiciona, "ajusta", el tiempo a sus desarrollos y en este condicionamiento puede encontrar circunstancias más favorables que las habituales e incluso determinar instrumentalmente los medios más adecuados a la situación; tanto en el (acontecimiento) de la crisis financiera de 2008 como el de carácter más sanitario de 2019, el instrumento fue en ambos casos el Estado; en el primero , para transmitir su coste a la ciudadanía y en el segundo para hacer frente, desde las instituciones públicas, a la gestión sanitaria y costearla igualmente; pero en ambos supuestos sin debilitamiento o, en todo caso "ajuste", de esa relación social; y en los últimos Acontecimientos, (Guerras de Ucrania y Palestina) además de otros efectos más estrictamente económicos (como los referentes a la energía, armamentismo, o de alteración de los circuitos de suministro) estos "acontecimientos" tienen la peculiaridad de que se sitúan en el ámbito de la Geopolítica, lo que significa, en todo caso, que resulta potenciado aunque sólo desde otros supuestos o con otras perspectivas, lo que genéricamente aquí se ha llamado "factor exterior" en el que se incluyen las consideraciones anteriores.

– La obsolescencia real del Poder Constituyente.

Teniendo en cuenta lo expuesto hasta ahora sobre los elementos o supuestos básicos del cambio constitucional (repetidamente, de una parte el Conflicto y de otra, las "Exigencias del sistema de dominación") y dado que según lo referido, el primero, el Conflicto, carece en la actualidad de capacidad constituyente y el segundo lo que desarrolla es su virtualidad para detener e impedir el cambio, se está ya en condiciones de abordar directamente las respuestas a las preguntas o hipótesis que inicialmente se formulaba y que eran estas dos:

De un lado, porqué, a la aceleración histórica específica producida por el "acontecimiento", no se corresponde una "aceleración" del cambio constitucional.

Y, por otra parte, si este hecho, el que a la aceleración histórica no corresponda un cambio constitucional, quiere decir que se ha interrumpido la que se presentaba como una constante histórica (la correspondencia realidad-Constitución) o si, precisamente, se confirma en cuanto la actual "situación constitucional" responde adecuadamente a las exigencias de ese factor condicionante que son las "exigencias del sistema de dominación".

Todo lo cual remite a una cuestión fundamental en la Teoría de la Constitución y a su planteamiento de manera relativamente diferente a como habitualmente se hace. Porque de lo expuesto se puede preguntar qué ocurre con el Poder Constituyente.

Esta importante cuestión y su amplitud temática interesan aquí sólo en algún aspecto propio del constitucionalismo crítico y que se relaciona con lo que al principio se planteaba, en cuanto esta temática del Poder constituyente se implica de manera decisiva tanto en la relación realidad-Derecho como en la que proyecta esa realidad en el Derecho (en la Constitución) , lo que permitía también entender qué había ocurrido en esa realidad. Todo ello apoyado en el supuesto epistemológico del conocimiento del Derecho "por sus causas".

Ya este planteamiento es bien distinto del más generalizado. Porque, ciertamente, las formas en las que se ha abordado son múltiples, pero aunque aquí, como se indica, sólo interesa en el sentido apuntado, no puede por menos de hacerse una observación previa aunque suponga una cierta digresión. Y es que sorprende que tratándose probablemente del aspecto o categoría constitucional que tiene un contenido más "real", concreto y material en su ejercicio y efectos, es también, probablemente, la categoría que ha recibido una consideración más exageradamente desmaterializada, abstracta y formal. Porque se podría incluso afirmar que la manera más frecuente de acercarse a ella ha sido desde presupuestos que se aproximan – en su configuración- a una matriz "teológica". Es por esta razón de referencia obligada citar a Karl Schmitt[30], no sólo por su aportación específica en la materia sobre estos conceptos (el Poder constituyente como "Creador", en cuanto "decide" sobre la forma y unidad política, o el Soberano, en cuanto decide sobre el Estado de excepción) sino, sobre todo, porque plantea esa vinculación; y sigue siendo significativo que no ya las aportaciones específicas de Schmitt sobre los diferentes conceptos sino que un pensamiento como el teológico, tan poco relacionado con supuestos democráticos - y su genealogía "racionalista"-, haya seguido configurándose en buena parte como esa matriz lógica de alguna de sus conceptualizaciones fundamentales; con la singularidad de que sobre ese contenido hay prácticamente una opinión común entre autores que en otros aspectos discrepan abiertamente[31]. En todos ellos se parte de lo que es un supuesto teológico básico como es "el afuera" (también del Derecho) para "actuar sobre", pero que en este "afuera" se entiende que existe una entidad puramente (categorial), abstracta, que, sin embargo, tiene los reconocidos caracteres de ser, en el lenguaje utilizado, "pura potencia", en consecuencia, como se indicaba, "creador", "único", "principio" , "innovación". Y cuando se "desciende" a los procedimientos de actuación para eludir la simple "taumaturgia", se acude a otro tipo de categorías que, de nuevo, tienen más que ver con esa matriz teológica que con las democráticas, como son las que aluden a la "Representatio" (e incarnatio o corpus mysticum).

Cabe hacer, no obstante, una matización de cierta relevancia y es que la antes considerada -relativa pero indudable- homogeneidad en el tratamiento ideológico de la categoría, no impide una diferente actitud ante ella; así, puede advertirse claramente una mayor desconfianza y prevención respecto de la misma (en cuanto, pese a todo, como se indicaba, puede implicar rupturas e innovaciones, es decir, suponer un riesgo para el statu quo) de las fuerzas y posiciones más conservadores; y, por el contrario, una mayor defensa por parte de las más renovadoras o reformistas; aunque, finalmente, sin gran relevancia histórica en cuanto el balance de la categoría así formulada ha sido configurarla como "la gran pantalla ideológica" legitimadora de los sistemas y democracias político constitucionales en la sociedades del Capitalismo en las que se sitúa las consideraciones que ahora se hacen. Un vehiculo importante de esta función ha sido la atribución de su titularidad a un sujeto constituyente de gran carga simbólica pero de contenido indefinido pero funcional, separándolo del análisis de la dinámica real (Nación, Pueblo).

No obstante, puede advertirse la correspondencia coherente que cabe establecer entre estas dos actitudes (conservadora y "progresista") ante la categoría de Poder Constituyente y aquellos dos supuestos que se consideraban básicos para explicar la dinámica constitucional como eran el Conflicto y las Exigencias del sistema de dominación; así como con los respectivos espacios constitucionales en los que predominan, respectivamente, uno u otro.

Porque, de manera preferente, la teorización primera y también más característica y consistente sobre la categoría y en buena parte inspiradora de las siguientes, ha tenido lugar en el espacio constitucional caracterizado antes por el predominio de "El Conflicto", como ha sido Francia; y aun podría decirse, como elemento a tener en cuenta, que fue también en ese espacio en el que apareció la inicial aproximación al poder constituyente en sentido material (como fue la de Sieyes sobre el Tercer estado) hasta el punto de que toda la teorización posterior sobre ese Poder constituyente ha sido un continuo proceso de desmaterialización de la categoría.

E, igualmente, puede tener ese significado -de coherencia aunque "a sensu contrario"- el que en el espacio constitucional en el que no aparece la categoría como tal, ni su identificación subjetiva, sea precisamente aquel en el que se consideraba que el factor constituyente principal había sido el de las "exigencias del sistema de dominación", como era, típicamente, Inglaterra.

Por consiguiente, el "modelo" que se va a tener en cuenta es ese espacio constitucional europeo del conflicto, en el que aparece de manera más desarrollada, en realidad la única, la concepción del Poder Constituyente. Se trata, pues, de comprobar su "consistencia" con la realidad actual.

Para ello se plantean algunas cuestiones de cuyo análisis pueden deducirse consecuencias en ese orden.

Así, inicialmente, para historificar debidamente esta problemática, es necesario referirse como cuestión primera al Tiempo (constituyente) y a continuación a la caracterización que permanece de la categoría, para finalmente advertir si esa caracterización mantiene la relación y efectos con el Territorio y el Derecho en la forma decisiva que le dio relevancia histórica.

La relación con el Tiempo de toda la temática constitucional tiene su propia especificidad respecto del que tiene en los demás ámbitos jurídicos.

Porque, en términos generales y aunque con particularidades distintas según cada uno de ellos, se establece que esa relación se da en la conocida doble dirección del "Tiempo en el Derecho" (con efectos fundamentalmente en ámbitos subjetivos, el de los derechos) y del "Derecho en el Tiempo" (referido más al aspecto objetivo de lo que la norma "recibe del tiempo"); y aunque este esquema se ha aplicado en algún caso al ámbito constitucional[32], hay que añadir otras consideraciones. Porque, de una parte, se puede afirmar que la Constitución, desde cierta perspectiva que además es connatural a ella, tiene poco que ver con el Tiempo, de manera que puede afirmarse que se sitúa fuera de él, en cuanto el tiempo "no actúa" (no existe) en la inmutabilidad que es la vocación de la Constitución. Pero, por otra parte y esto es lo más significativo ahora, las Constituciones surgen en un tiempo específico, el tiempo constituyente, que, justamente es lo contrario de lo anterior ya que ahora el tiempo adquiere presencia e intensidad en cuanto se vincula a un cambio radical y repentino. De lo que resultan dos aspectos que hay que señalar: de un lado, que esas Constituciones que tienen por naturaleza y vocación la de situarse fuera del tiempo, la de permanecer, surgen precisamente en y de una coyuntura, de un tiempo con tal especificidad que las hace deudoras, dependientes de ese momento en cuanto a su contenido que está siempre vinculado, condicionado y configurado por ese presente; pero, además, un presente del que después se "desprende" para darle a esa circunstancia momentánea vigencia indefinida. Y el otro aspecto que se quiere destacar es que esa circunstancia, ese tiempo de surgimiento de la Constitución, es justamente el propio del Poder constituyente; y es la base material sobre la que la teoría del Poder constituyente le atribuye, como uno de sus elementos primeros, el de su carácter excepcional, extraordinario (respecto del ordinario del Poder constituido) al responder, de manera necesaria, a una fase histórica también excepcional presidida por ese cambio repentino, "acelerado". Se sostiene, por tanto, que el Poder constituyente se vincula a las fases de intensificación, de aceleración del tiempo histórico. Pero ocurre y esto es lo que se quiere subrayar que, en la actualidad, se está en una fase histórica de estas características, de aceleración, como, se asegura desde diferentes perspectivas, probablemente no ha ocurrido antes así como que el proceso (en el sentido de continuado o progresivo) del cambio se ha sustituido, como se indicaba, por el "acontecimiento"; sin embargo, pese a ello, el Poder constituyente no ha aparecido. De nuevo, pues, vuelve a surgir la pregunta de si lo que ha sido una trayectoria y dinámica histórico-constitucional ha dejado de serlo; o si, en otro caso, hay que rectificar lo que puede haber sido una construcción ideológica y definir con más precisión cuáles son los cambios reales que condicionan la aparición del Poder constituyente; y por qué los actuales, con toda la profundidad histórica que se les atribuye hasta el punto de calificarse de manera generalizada como "cambio de época", no han producido ese efecto; y si, finalmente, los supuestos básicos de los que se ha partido en este análisis pueden tener algún valor explicativo.

En lo que se refiere a la concepción actual, que puede considerarse dominante, sobre el Poder Constituyente, cabe hacer una previa referencia histórica a la que antes se aludía de manera general; se decía que la categoría de Poder constituyente, pese a su vinculación y proyección "real" (sobre la dinámica "real") había sido tratada, sin embargo, desde una perspectiva claramente "idealista". Ahora se podría de nuevo comprobar este hecho en cuanto se puede afirmar que lo que en un medio tan distinto como el Modo de producción feudal (y en todo caso preconstitucional y al comienzo de la fase de Transición al Capitalismo) se afirmaba de un Poder, "un principio", que tiene los caracteres de "potencia, radicalidad e innovación" son los que se siguen proponiendo ahora (es notable en este sentido que sea un autor como Negri el que puede citarse como ejemplo de lo que se afirma).

Y es que debe indicarse inicial y fundamentalmente que el mantenimiento en la actualidad de prácticamente el mismo corpus ideológico sobre la categoría -junto a otras justificaciones y funcionalidades- es una exigencia de carácter "lógico" para la estructura del sistema y hasta se puede decir que, probablemente, esta exigencia lo es ahora (o en esta fase histórica para ser más comprensivo) más que en ningún otro momento anterior. Porque desde la complejidad que ha ido adquiriendo todo el andamiaje y la construcción jurídico- política del Estado Constitucional Democrático y de Derecho, se hacía más necesario, desde ese punto de vista lógico formal, mantener y seguir subrayando las concepciones que forman ese equipo ideológico en torno a la supremacía, autonomía, etc. porque es del que después derivaban y dependían las que se fundamentan en categorías y construcciones básicas que "reconducían" a la – necesaria y fundamental – "Unidad".

Lo que sucede es que esto no se produce sin costes, entre ellos y aquí es lo que interesa destacar, el "coste realidad", con lo que se quiere indicar que en la medida en la que se mantiene ese corpus, mientras la realidad ha cambiado con más rapidez y en forma y dirección diferente, su alejamiento de la misma es también necesariamente mayor y, por consiguiente, más perceptible, menos defendible y funcional; si bien y de forma un tanto forzada y hasta contradictoria, se sigue utilizando para que cumpla las mismas funciones que históricamente ha venido desarrollando. Y ocurre que, simultáneamente, se acepta, también de manera generalizada, la "crisis" de esos supuestos ideológicos pero se "reconduce" también esa "crisis" para adaptarla a las exigencias sistémicas. Tal sucede con lo que se expresa en el conjunto de referencias que se vinculan al término de Soberanía. Desde hace tiempo[33] se viene admitiendo la crisis del concepto ("de todo el sistema postwesfaliano"), de Soberanía, pero aunque es así y se parte, teóricamente, de una relativización de su contenido, despojándolo de "absolutos", prácticamente sigue siendo protagonista -además de en el interior del Estado a lo que antes se hacía referencia- en el exterior, para configurar las relaciones internacionales según las circunstancias.

Y es necesario hacer una breve consideración sobre lo que en la actualidad suponen esas "circunstancias". Porque no se trata, igual que en toda esta exposición, de optar siempre por el elemento real -material como "continuo determinante" de todo lo demás, sino algo diferente como es señalar, o aproximarse a ello, lo que en la realidad sucede. Y en el aspecto considerado, lo que sucede es que los desarrollos económicos citados a consecuencia de los caracteres de la financiarización globalizada y la digitalización, han adquirido un predominio sobre el resto de los elementos del sistema como nunca había sucedido hasta ahora y, por consiguiente, se imponen a todos ellos que aparecen en "crisis". Por eso, seguir utilizando como referencia a un Poder ("superior y distinto") en los términos en que se sigue haciendo respecto del Poder constituyente, es irreal. Y este hecho, esta irrealidad del Poder constituyente actual, se aprecia, además de en otros aspectos, en lo que aquí más interesa, en las categorías con las que se relaciona de manera específica como son el Territorio y el Derecho, como ya antes se indicaba

La relación entre Poder constituyente (es decir, el sujeto colectivo al que se atribuye), el Territorio y el Derecho es tan intensa que, metodológicamente, si bien la consideración que se va a hacer sobre ellos desde ese Poder puede entenderse como prueba definitiva de la hipótesis de la que se parte (la irrealidad del Poder constituyente) también habría sido legítimo proceder inversamente, es decir, deducir de las consideraciones sobre el Territorio y el Derecho en la actualidad la inexistencia real de ese Poder constituyente.

No obstante, a favor de la primera opción, que es la que se sigue, puede argumentarse que es el Poder constituyente el que está en el origen de lo que, constitucionalmente, significan tanto el Territorio como el Derecho, e, incluso, de la relación específica que les hace interdependientes, es decir, la que vincula a estos dos términos de Territorio y Derecho.

En lo que se refiere al Territorio, desde la aparición del Estado Moderno se le ha considerado un "elemento del Estado" (bien sea en la forma pasiva que le considera como objeto, bien en su consideración más activa como puede entenderse que sucede en las concepciones que se suceden desde Montesquieu en cuanto le atribuía el papel activo y hasta decisivo porque era el fundamento y causa del "Espíritu de las leyes") concepción de la que es deudora la dominante actual (en su doble perspectiva, en buena medida complementaria, como es la de Jellinek en cuanto considera el territorio ámbito del Poder y la de Kelsen en cuanto lo considera como ámbito del Derecho) pero en la realidad es el Poder "constituyente" el que "constituye" al territorio, es el que lo determina, lo transforma y lo convierte en "un lugar" concreto; su delimitación y definición por funcionalidades y contenidos específicos a través de los cuales adquiere significado propio y diferenciado, tiene lugar en virtud de ese Poder superior, único y excluyente que lo abarca en su totalidad, lo que, constitucionalmente, traduce esa Soberanía política en la Supremacía jurídica de la Constitución.

Territorio y Derecho se vinculan así y son resultado necesario y a la vez expresión y constancia de ese Poder constituyente. Y son precisamente estos supuestos los que aparecen negados con claridad por la "situación actual", con lo que, si se considera necesariamente producidos por esa causa previa, el Poder constituyente, resulta que ese carácter causal ha desaparecido o se ha limitado sustancialmente.

Sería una obviedad y una repetición innecesaria recordar ahora lo antes expuesto sobre la globalización y regionalización y que, además, es de general aceptación. Y es que para cerrar estas mínimas consideraciones y pese a que las guerras actuales (de nuevo el "acontecimiento"), han introducido algunas variantes sobre las que se volverá después, es indudable lo que sucede en los aspectos señalados: en el Poder, que ha dejado de ser tanto constituyente como único en el Territorio del Estado en el que, como se decía, las decisiones de mayor importancia se sitúan en unos poderes externos y en el del Derecho, ya que, se puso también de manifiesto, la desterritorialización del mismo afecta a la Constitución que ha dejado no sólo de ser "total" en su aplicación interna sino, incluso, Suprema, en su propio e inicial ámbito de vigencia, de manera que de nuevo se podría citar a Montesquieu para señalar que "las Leyes" han dejado de representar "el Espíritu", es decir, los caracteres y hasta los intereses de cada Territorio.

Pero, de lo expuesto, se deduce una consecuencia que va más allá de la que aparece en primer término aunque ciertamente se relaciona con ella. Y es que de acuerdo con la definición clásica del "ser" como *quod existet vel existere potest*, el Poder constituyente no sólo no existe sino que no puede existir en la fase actual del Capitalismo financiarizado. Las "exigencias" del mismo lo hacen innecesario y peligroso para sus intereses (les basta en su caso el reformismo constitucional[34]) y su, real, Poder anticonstituyente impide el de cualquier otro de distinto significado, lo que conduce a una conclusión final que, además de su importancia sociopolítica, es de la mayor importancia epistemológica y metodológica en este trabajo: y es que de los dos supuestos de que se partía para explicar la relación dinámica histórica-dinámica constitucional y a los que repetidamente se ha venido haciendo referencia, como eran el Conflicto y las Exigencias del sistema de dominación, ha sido este último el que se ha terminado imponiendo, y de las diferentes capacidades que se le atribuían, la de neutralizar y detener el cambio de importancia sistémica, ha sido la que termina teniendo actualidad. Con lo que ha sucedido también algo que debe hacerse notar y es que como el ámbito constitucional en el que se desarrollaba todo este análisis era el europeo, en el que históricamente se apreciaba la presencia y relevancia de esos dos supuestos según las características de los distintos espacios constitucionales , lo que ha ocurrido es que se ha pasado en la actualidad a que el único elemento predominante sea en esos diferentes espacios europeos, el de las "exigencias del sistema de dominación". Se podría, finalmente, matizar esta afirmación señalando que, no obstante, algunas especificidades territoriales vienen a coincidir significativamente con las características históricas de esos diferentes espacios.

Capítulo 5.

Estática Constitucional formal y Cambios reales.

De todo lo anterior podría deducirse que, dado que el cambio formal constituyente no sólo no se produce sino que en la fase actual se dan las condiciones que lo impiden, se produce también una parálisis o carencia de efectos en la relación realidad histórica-Constitución o Derecho constitucional. Y ahora no se hace referencia a lo ya expuesto sobre la "situación constitucional" en el sentido de la fragmentación, desaparición de la Supremacía, de la contradicción con otras normas respecto del exterior, etc. Ahora la referencia es a otro hecho de distinto carácter. Se trata de lo que pudiera entenderse como las transformaciones que en el nivel constitucional y del Derecho constitucional se han registrado en base a los cambios experimentados en la realidad.

Porque se podría ver una contradicción Constitución-realidad en el sentido de que permanece esa Constitución, que es la del Estado social, cuando la realidad ha determinado precisamente su crisis. Y se ha destacado que permanece esa Constitución mientras la realidad ha cambiado radicalmente; y aunque pueden citarse otros mecanismos de "ajuste" (como los ya citados por efecto del factor exterior) hay que referirse a otros que tienen que ver con la transformación que se ha producido en el entendimiento y aplicación de la Constitución y hasta en el Derecho constitucional y en su conceptualización. Y puede señalarse que en esta transformación se distinguen dos formas y también etapas aunque ha habido cierto solapamiento entre ellas.

5.1. NEUTRALIZACIÓN AXIOLÓGICA (POSITIVISTA) DEL DERECHO CONSTITUCIONAL.

La primera es la que puede considerarse como la neutralización político valorativa de la Constitución y del Derecho constitucional propios del Estado Social. Se registra en toda Europa y en España, muy precozmente, en cuanto predominó desde el principio respecto de la Constitución recientemente establecida una vuelta clara al Positivismo, a algunos de sus elementos básicos que servían para neutralizar el contenido valorativo de la Constitución y del Derecho constitucional así como su capacidad transformadora; tuvo algunas manifestaciones y consecuencias destacadas en el orden teórico como fue la práctica desaparición en los análisis doctrinales y en su expresión jurisprudencial de la categoría de Estado y, en todo caso, su sustitución por la de "Administración pública" con todas las derivaciones y consecuencias técnico jurídicas y exclusión de las político democráticas que implicaba. Es lo que en España un sector minoritario pero significativo de la doctrina denominó la "administrativización" del Derecho constitucional[35] que, con los adecuados equipamientos de inmanentismo jurídico y los instrumentales de la exclusiva configuración técnico- jurídica, provoca el aislamiento del Derecho constitucional y de su dogmática de la realidad con consiguientes efectos sobre la inmovilización del proceso político social. También en el caso español hay que tener en cuenta una circunstancia inicialmente más de carácter académico pero que termina incidiendo en lo que se describe. Se trata de la configuración de la asignatura del Derecho político que, en su formulación desde el siglo XIX, tuvo ya un contenido complejo, menos definido que sus homólogos (Derecho constitucional) europeos; y con la larga Dictadura franquista, al no existir Constitución, se quedó sin objeto de estudio lo que hizo que se llenase de contenidos aun más dispersos, desde la Teoría del Estado a la Filosofía política, a la Historia de las ideas o la Ciencia política (lo que justificaría el nombre de "hidra de mil cabezas" como lo designaría el profesor Ramiro Rico). Por eso cuando aparece la ´Constitución de 1978, los constitucionalistas españoles (hasta este momento considerados con ese fundamento "no juristas") se sitúan ante ella en perspectiva predominantemente normativista, tratando de homologarse como tales (juristas), si bien, en gran medida, mediante la forma inespecífica y preferentemente formalista de un considerado "método jurídico" generalizado en el resto de las ramas de Derecho, sin la especificidad (constitucional) requerida pero que con tal de superar ese "déficit jurídico", se terminó imponiendo.

El hecho es que, aunque desde otros supuestos, se terminaba confluyendo con ese movimiento que, con otras finalidades, se citaba antes como de "administrativización del Derecho Constitucional", al que se fortalecía y legitimaba

5.2. LA PRIVATIZACIÓN DEL DERECHO CONSTITUCIONAL.

La segunda etapa y también forma en la que se manifiesta la relación actual dinámica real y Derecho constitucional, es lo que puede considerarse como la "privatización del Derecho constitucional".

El hecho debe integrarse en el más amplio de la privatización general que experimenta todo el sistema social como consecuencia de la invasión en todos los niveles de la lógica privada y la prevalencia prácticamente absoluta de los intereses y poderes privados.

Siempre, como es propio en las sociedades en las que el Capitalismo es el modo de producción dominante, ha existido un apoyo sólido para la defensa, en términos generales, de lo privado frente a lo público, tanto en base a los principios ideológicos del individualismo y los derechos individuales (a partir de la propiedad privada), de la meritocracia y competencia, o, como en otro orden, la mayor eficiencia de lo privado frente a lo público. Puede decirse que este hecho ha estado siempre presente y vigente. No obstante, en el Estado social y en el Constitucionalismo del Estado social durante su vigencia, en los llamados "años gloriosos", se registró un fortalecimiento de lo Público (estatal) vinculado a lo social y colectivo tanto en el orden de la legitimación como en el material de la gestión (prestaciones), estableciéndose una correlación entre bienestar social y lo Público.

Con la imposición del Capitalismo financiarizado y globalizado y la crisis del Estado social, se registra un fortalecimiento y, finalmente, una imposición, tanto cuantitativa como cualitativa con caracteres propios, de lo privado frente a lo público, que se expresa, en el orden ideológico, con el neoliberalismo, y en el institucional con la configuración del Estado como "Estado mínimo". Gran parte del potencial económico (es decir, con claridad, de "negocios") que implicaba el "gasto social" en sanidad, educación, etc. del Estado social, se entiende que "en aras de la productividad y la eficiencia económica" debe ir al ámbito privado, con el cambio de la concepción del Servicio público por la de valor de mercado. Se rompe la correlación bienestar social con lo público y pasa a considerarse el tema del bienestar como un asunto privado e individualizado que depende de cada uno.

Las formas que adoptan estas transformaciones son distintas, desde las puramente materiales (traspaso directo de bienes o servicios al ámbito privado) a las actuaciones que se pueden considerar de utilización o "deformación" del Derecho público-administrativo, o, estrictamente, de formas privadas (como el contrato, sociedades) para la actuación de los órganos públicos; son ya bien conocidas las denominadas "corruptelas técnicas" entre las que destaca la denominada "pantalla legislativa", referida a ese mecanismo de que se valía el "juez administrativo" para no controlar la constitucionalidad del asunto amparándose en que se ajustaba a la ley, con lo que se utilizaba exclusivamente el supuesto principio de legalidad frente al de constitucionalidad y que, entre otras causas, dio lugar a lo que se denominó el "Derecho administrativo privado (Varas Ibáñez) para referirse a la "corrección", en base al "Derecho administrativo propiamente tal", de la utilización – indebida- de sus categorías jurídicas para la gestión privada.

La última fase de este proceso de privatización es lo que puede considerarse como la "privatización del Derecho constitucional", como corresponde al hecho de ser la última, por el lugar y función que le corresponde también al ámbito constitucional en el Ordenamiento.

Inicialmente, aunque podría mencionarse al final como balance de todo lo expuesto, puede señalarse como primera y más general manifestación y de importancia, finalmente, definitiva, el dar cobertura Constitucional y por tanto legitimar y sancionar a todo el proceso de privatización referido, tan ajeno y aun contrario a sus supuestos básicos.

De manera mas específica pueden señalarse dos formas actuales de privatización del Derecho Constitucional: indirecta o directamente.

Indirectamente: su elusión en materia constitucional y el "Soft Law" internacional.

En el orden interno, estatal, la referencia es la transformación y efectos del proceso de digitalización como se ha expuesto y se ha desarrollado ya con rigor analítico y crítico[36]; el proceso ha cambiado lo que debe entenderse por "realidad", en cuanto a la realidad antes existente, la realidad que ahora se define como "física", se ha añadido la nueva "realidad" designada como "virtual", formando el conjunto de ambas un complejo "híbrido"; pero en el que no sólo existe lo nuevo (de la digitalización) que se añade y refleja "especularmente" (F.

Balaguer) a la realidad existente sino que se proyecta sobre ella, la transforma, deformándola; con lo cual se plantea ya inicialmente una cuestión de importancia central como es que el sistema jurídico (constitucional) configurado para una determinada realidad, resulta, en esa medida, eludido o desajustado.

Frente a la Constitución establecida para dirigir o gobernar una realidad, aparece el algoritmo que gobierna la otra realidad que la cambia. Y resulta que esta "Constitución del algoritmo" es la regida por el Derecho privado. Con lo que se producen dos consecuencias: la primera es de carácter más o menos formal, como es la ruptura del orden jurídico, de la Constitución en primer término y en general, del Ordenamiento jurídico en cuanto, como se ha señalado (F. Balaguer), ya no es posible seguir predicando del mismo sus caracteres clásicos de unidad, coherencia y plenitud; la segunda, también afecta formalmente al sistema jurídico pero le añade un contenido básico en el orden material como es que ese Derecho privado por el que se regula la nueva realidad, es ajeno y, sobre todo, contradictorio, con los valores y garantías del orden constitucional. El supuesto más característico es, probablemente, el de los Derechos fundamentales, uno de los supuestos y contenidos más propios de la Constitución (su reconocimiento, garantía, expansión) y que en este "Derecho privado de la digitalización", no sólo se desconocen (el hecho decisivo es la obtención de datos de cualquier tipo incluidos los *fake news* y por cualquier modo) sino que, como se ha advertido, se convierten, realmente, en mercancía. Con lo que se podría concluir que, en este campo de la revolución tecnológica, es donde, de manera más clara, aparece la "naturaleza" del Capitalismo. Y, asimismo, por lo que se refiere al campo jurídico que aquí importa, no sólo vuelve a aparecer la característica vinculación Derecho privado-Capitalismo sino hasta que extremos puede llegar ese Derecho privado en expresarlo.

En el orden externo, aunque este aspecto en su totalidad tiene diferentes planteamientos, en lo que se refiere al aspecto jurídico, aquí se alude a una forma muy específica: se trata del "soft law" de carácter internacional al que se ha denominado desde el punto de vista formal como un nuevo modo de producción normativa y materialmente como el Derecho de los negocios transfronterizos.

Ahora se va a prescindir de toda la problemática que ha suscitado la cuestión formal del *soft law* en el sentido de si sus caracteres (no vinculante, no sancionador, etc.) permiten hablar de Derecho y, en ese caso, del tipo de Fuentes del Derecho con el que se relaciona; aunque hay que tener en cuenta que la cuestión de las Fuentes en el ámbito internacional se relaja suficientemente como para permitir que pueda aplicarse a un tipo de derecho como el que se está mencionando y que es el que interesa considerar.

a) Su contenido, expresado de distintas formas a través de principios y reglas deducidas de mecanismos de mediación o arbitraje, de resoluciones no vinculantes, de acuerdos y específicamente de compilaciones (una de las más notables es la que reúne los principios Uni-DRoit del Instituto Internacional para la Unificación del Derecho Privado), pertenece al ámbito del Derecho privado.
Se basa, en gran medida, en la autonomía de la voluntad, en el consentimiento, de manera que se puede entender que en su aplicación y funcionamiento (y en cuanto, por esos caracteres, participa especialmente el sujeto) incluyen en un grado significativo una "autojuridificación" que intensifica ese carácter privado del *soft law.*

b) Se trata de un "Derecho" que ha surgido y se reproduce vinculado a la realidad de manera inmediata, a las necesidades que las relaciones comerciales internacionales tienen de armonizar su funcionamiento, flexibilidad adaptativa y seguridad; por consiguiente, no cabe duda acerca de su "vigencia" en cuanto realmente se practica y además y teniendo en cuenta esta inmersión en la realidad (sin mediaciones), tiene -en este sentido- un carácter estructural que también lo especifica.

c) Hay que señalar que, de nuevo, aparece la vinculación Derecho privado-interés privado, en realidad Capital, en cuanto la función del *soft law* referido, no sólo tiene por objeto vehicular estos intereses sino, de manera muy especial, "autonomizarse" del resto del ordenamiento jurídico y por supuesto de la Constitución. Y es que se trata a través de este *soft law,* de eludir los posibles "riesgos legales" de los distintos ordenamientos estatales. Y aun debe añadirse que en la situación mundial actual, de mayor fragmentación, en ciertos aspectos del debilitamiento que se está produciendo en la Globalización y la ruptura de la cadena de suministros acentuada por las guerras de Ucrania y Gaza y la recomposición Geopolítica (al entrar en crisis la hegemonía americana sin haber cristalizado todavía una alternativa multilateral) la necesidad de armonización de las transacciones comerciales transfronterizas aumenta. Otra vez, por tanto, esa característica "huida del Derecho público", con esa peculiaridad, respecto de la Constitución.

Directamente: Aplicación e Interpretación de la Constitución ("pantalla Constitucional) y Reforma de la Constitución

Aunque las formas más generalizadas de esta privatización del Derecho constitucional sean las citadas, tienen que incluirse otras más propiamente "constitucionales". Así, puede citarse la que hace referencia al funcionamiento (o no funcionamiento) de los mecanismos previstos para el control de constitucionalidad (entre los que, además de los más específicos, se encuentra lo que se ha llamado Reserva de Administración pública en base al artículo 106 de la Constitución española). En buen número de supuestos puede advertirse una escasa actuación de los mismos, un cierto déficit de ese control. Y en otros casos existe incluso una colaboración activa, positiva, por parte de esos órganos constitucionales encargados de ese control, bien admitiendo y declarando directamente la constitucionalidad de esas privatizaciones (en España las sentencias que en 2015 lo hicieron sobre la gestión privada de la sanidad o del agua) o las que registran incluso una mayor "finura" o "pureza" en la privatización constitucional como es basarse en la propia Constitución para fortalecer, garantizar y legitimar los ámbitos privados. Es el supuesto más notorio y difícil de "criticar" (jurídicamente) al utilizar la "pantalla constitucional" y, además, en materia del Constitucionalismo "fuerte" como es el de los Derechos y libertades, que, sin embargo se desarrollan y se definen con una carga antiestatalista y en ruptura con todo vínculo social, con un reduccionismo individualista que ha terminado debilitando la posibilidad de la construcción de los sujetos colectivos e incluso también de los sujetos débiles, en contradicción con o al margen de la lógica del Estado Social de Derecho que ahora se rompe[37].

No hay que olvidar tampoco que la "condición de posibilidad" para que buena parte de estos hechos ocurran, está ya en la estructura constitucional; en concreto, en las enormes posibilidades que a veces se encuentran en las constituciones (como la Constitución española actual) para que instituciones (Poderes) básicos en la materia sean "colonizados" por organizaciones o Partidos políticos no sólo de naturaleza privada sino fácilmente penetrables por intereses privados y especialmente por los dominantes, como ocurre con ciertos Partidos Políticos.

Pero hay otro supuesto que en la actualidad ha adquirido especial relevancia y que rompe con gran parte de los elementos constitucionales más propios. Se trata de las Reformas constitucionales que, históricamente, como se ha venido haciendo referencia, se han utilizado por sus posibilidades para eludir el conflicto, mediante su configuración para hacerlo asumible por el sistema, de manera que evitando el "cambio" (sistémico) se convierte en "reforma"; pero ahora, en la Reforma constitucional española del 2011 y del artículo 135 de la Constitución esta problemática ha alcanzado un nivel claramente diferente. Se ha utilizado, directamente, en un sentido privatizador, en un claro quebrantamiento y contradicción con el contenido y sentido general de la Constitución de 1978; junto a otras consideraciones de singular importancia como es el procedimiento seguido y el protagonismo exclusivo y excluyente del "bipartidismo sistémico", y, junto a otros contenidos como "la regla de oro" y lo relativo al gasto, interesa destacar, de la manera más contundente, lo impropio y contradictorio con toda Constitución pero más acusadamente con la Constitución del Estado Social, la introducción , de manera directa y literal en ella, es decir, utilizándola para "constitucionalizar" la prevalencia incondicional de los intereses privados frente a todos los demás principios y valores constitucionales. Existen ciertamente otros elementos pero ya sería suficiente este para dejar de sostener la supuesta "neutralidad" de los modelos económicos constitucionales y, entre otros aspectos, cabe señalar en este sentido y en lo referido al mencionado artículo 135 reformado de la Constitución española que, al constitucionalizar de esa manera ese contenido determinado, excluye e impide tanto cualquier otro como las políticas o actividades que puedan contradecirlo.

En definitiva, se formula el paso del Constitucionalismo social al económico, lo que, en otro orden de ideas, significa desconstitucionalizar toda posible alternativa al orden existente y que pone en cuestión supuestos democráticos y principios en los que –se sostiene- que debe basarse el sistema constitucional desde el punto de vista que se defiende ideológicamente.

Capítulo 6.

"Apertura" constitucional formal y "cierre" real (del modelo económico) con su proyección sobre el Pluralismo.

Con ello, además, se está afectando negativamente a otros planteamientos específicamente constitucionales, de los que el más inmediato es el de la "apertura constitucional". Es bien conocido como una de las defensas legitimadoras de las democracias liberales (es decir, de las sociedades del "Capitalismo liberal") fue el de entenderlas como "sociedades abiertas"[38]; es significativo apuntar, aunque sea mínimamente, que probablemente la primera y más influyente de las defensas en este sentido como fue la de Karl Popper (surgida ya precisamente en el ambiente posterior a la Segunda Guerra Mundial cuando se entendía que podía existir un peligro revolucionario) no se utiliza sino pasados una serie de años hasta que las circunstancias la hicieron no sólo defendible sino también necesaria[39] ; porque los desarrollos posteriores (por ejemplo, P. Häberle) se hacen ya en el clima del Estado social y del Constitucionalismo del Estado Social, es decir, cuando, justamente, la Constitución había optado por un modelo especifico no ciertamente liberal. Y parece que se entendió que era necesario eludir ese sentido que parecía en ese momento unívoco[40].

Y lo que ahora sucede, a partir de lo expuesto en la Reforma constitucional citada, es que, con esa prioridad incondicionada que se atribuye a lo privado, queda excluida toda "apertura real" y la Constitución aparece como "cerrada" a cualquier otro "modo de reproducción social". Con lo que, igualmente, resulta afectado otro "valor constitucional" que se considera , incluso, uno de los valores superiores, como ocurre con la

Constitución española y que es expresión primera, según su formulación, de las Democracias liberales como es el Pluralismo. Y de nuevo hay que hacer la distinción, que, en cierta forma, anula la propia concepción pluralista, entre un pluralismo ideológico y un pluralismo real, socioeconómico, es decir, el de los Modos de producción. Porque, en el ámbito ideológico, el de las concepciones y en virtud de ese pluralismo ideológico (de la libertad de expresión, etc.) "todo está permitido" y remite a la temática de la Opinión pública, sobre la que hay que hacer la corrección correspondiente, ya que, si probablemente siempre tuvo ese carácter, en la actualidad, con el enorme desarrollo de los medios de comunicación de carácter privado y en la medida en que contribuyen de manera prevalente a formularla y orientarla es, por su origen, contenido y finalidad, más privada que pública; lo que, a su vez se relaciona con los procesos de legitimación en los que esta opinión pública "libre" ocupa ciertamente un lugar importante[41].

Resulta, pues, que mientras los contenidos del pluralismo se mantengan en este nivel, no son sólo "pasivamente" constitucionales sino que son una de las formas de "activarse" la Constitución y mostrar claramente su presencia y eficacia.

Pero, si de ese plano de las "ideas", en alguna de esas concepciones del "pluralismo no integrado" o conflictivo, se pasa al de los hechos y se plantea la posibilidad de su realización, entonces sería precisamente ese "pluralismo constitucional" el que lo impediría por inconstitucional, por lo que habría que matizar el contenido de ese "pluralismo constitucional" siempre limitado, en un sentido, o, aparencial, en otro. Y es que, además, se sostiene por los exponentes de la "Constitución abierta" (y habría que añadir que la rigidez, regla general del constitucionalismo actual no se configura precisamente como un mecanismo de "apertura") que toda Constitución tiene un contenido "fijo", intocable, hasta el punto de que, se afirma, que la Constitución no sería "abierta" si no fijase de modo vinculante "lo que no debe quedar abierto", de manera que este elemento fijo "opera estabilizando todo el sistema"[42]. Y este elemento "fijo" es precisamente, junto a algún otro de carácter formal, uno de los elementos básicos que ha servido para los distintos desarrollos de lo que se conoce como la Defensa de la Constitución desde los comienzos del constitucionalismo. Un momento estelar de esos desarrollos es la conocida polémica Kelsen-Schmitt, de la que, además de ese significado, interesa subrayar que, si bien se discrepaba en los medios para esa "Defensa" (norma-legalidad en un caso, poder-legitimidad, en otro, cuestiones ciertamente importantes ya que implicaba concepciones distintas sobre el Orden jurídico basado en la norma en un caso, en la decisión , en el otro) sin embargo, el objeto de la "defensa" de ambos autores y de ambas posiciones era en realidad el mismo, ese "contenido fijo", intocable, que aunque no mencionado expresamente tenía como componente básico el sistema socioeconómico o modo de reproducción social.

El proceso, en su realización, tiene complejidad pero en su expresión teórica puede sintetizarse con relativa sencillez entendiendo que se trata del paso del pluralismo conflictivo (antisistema) al pluralismo integrado (intrasistema). Y, como se apuntaba, estos procesos están recorriendo en la actualidad buena parte de los distintos espacios constitucionales y no solamente los específicamente europeos, a través de los denominados Nuevos movimientos sociales, que presentan ahora otros caracteres.

Sin embargo, es posible tener en cuenta el planteamiento que se hacía en base al cual se distinguía entre espacios constitucionales caracterizados por el predominio del Conflicto y los caracterizados por el predominio de las "Exigencias del sistema de dominación" y que también cabe diferenciarlos ahora. Entre los primeros se citaba a Francia como históricamente representativo del Conflicto y cabe decir que, en la actualidad, puede afirmarse que mantiene ese carácter en los nuevos conflictos, pues, desde el llamado "Movimiento de los chalecos amarillos" hasta el actual en torno a las pensiones, se desarrolla, de forma cuantitativa y cualitativa, sin integrarse, aunque, hasta el momento, sin capacidad constituyente.

Pero es en aquellos otros en los que predominaban las Exigencias del sistema de dominación en los que, coherentemente, es aplicable el modelo antes propuesto del paso del pluralismo conflictivo al integrado, proceso realizado precisamente a través de ese pluralismo. Se decía también que uno de esos espacios constitucionales en los que había predominado históricamente las exigencias del sistema de dominación era el español y que este predominio se había extendido históricamente hasta llegar al proceso constituyente de 1978; pues cabe señalar que, en la más reciente y presente actualidad, se mantiene. Y es que así como en Francia lo que representan esos nuevos movimientos sociales permanecen, como se decía, sin integrarse, en España, los Nuevos movimientos sociales que se iniciaron con el movimiento del 15-M, cuando esto se escribe (Diciembre del 23) parecen definitivamente integrados y por la vía que se apuntaba.

Porque, sin hacer ahora un análisis general, que por otra parte ya está hecho, sino sólo en lo que interesa, el movimiento español del 15M, en su transversalidad, expansión geográfica e intergeneracionalidad, planteaba "una alternativa", era antisistema y una especie de "espejo" que devolvía la imagen contraria del sistema: los acentuados y nuevos lugares de la desigualdad y del conflicto (junto al tradicional del Capital Trabajo) el feminismo, cambio climático, antiglobalización, bienes comunes, derechos y sujetos colectivos. De ahí que pueda calificarse como de "refundación de la Democracia" (o transición "real" a ella) y con proyección y vocación constituyente.

La dinámica seguida ha conducido a que toda esa temática ha pasado a nutrir la agenda de las diferentes opciones políticas legales (lo que ya supone una aportación importante a la Democracia porque seguramente sin el impulso del 15M nunca se hubieran planteado) pero lo ha hecho de una manera que ya sea asumible por el sistema, de una manera fragmentaria y que contribuye a quitarles el carácter antisistema e incluso a facilitar la legitimación del mismo; el mecanismo institucional ha sido el de las diferentes organizaciones políticas (el del "pluralismo constitucional", integrado) en los que se ha terminado diluyendo el proceso inicial, es decir, se han terminado imponiendo las "Exigencias del sistema de dominación".

De los diferentes aspectos contemplados pueden deducirse algunas observaciones generales:

En lo referente al aspecto más propiamente jurídico constitucional, está produciéndose y se ha producido ya un cambio de la mayor importancia y que revierte el proceso que desde los comienzos del Constitucionalismo se venía desarrollando y que en el Constitucionalismo del Estado Social había adquirido nuevas dimensiones. Se trataba del proceso de "Constitucionalización del Derecho" (de todo el Derecho), la Constitucionalización de todo el Ordenamiento jurídico y de su operatividad, de la expansión del Derecho constitucional, de sus categorías y no sólo como "influencia" sino con pretensiones de normativización. Se entendía que, tanto por sus caracteres formales como materiales, el Derecho constitucional debía "irrigar" todos los campos del Derecho y, con preferencia, por su relevancia en el funcionamiento de la sociedad, de las relaciones sociales, precisamente el ámbito del Derecho privado, de manera que la "Constitucionalización del Derecho privado" era una de las proyecciones más destacadas de esa genérica "Constitucionalización del Derecho".

A partir de lo dicho se aprecia que justamente lo que ocurre es no sólo la interrupción de ese proceso sino, como se indicaba, la reversión del mismo: no ya la "Constitucionalización del Derecho" sino que es la "privatización del Derecho constitucional" lo que aparece como más significativo.

De nuevo hay que señalar la coherencia de este proceso jurídico con lo que sucede en términos reales: la prevalencia del factor externo implica la prevalencia , en general, de lo "privado", por lo que el Derecho privado es el vehículo adecuado.

TERCERA PARTE:

RUPTURA DEL ORDENAMIENTO JURÍDICO Y LA PROBLEMÁTICA DE SU CATEGORIZACIÓN

Capítulo 1.

Propuestas desde los mismos supuestos anteriores: Heterarquía y Multinivel.

Junto a ello hay que recordar otro aspecto que afecta a la propia estructura constitucional y es que se indicaba – y era una base de la concepción general – que todo lo referente a Soberanía, Democracia, Derechos , normativización del Estado, de las relaciones sociales y Ciudadanía, se configuraba como un conjunto ordenado por un sistema de categorías. Se trataba de un "orden" cuya coherencia última tenía como condición de posibilidad una previa "entidad" o unidad: la que procedía de la "identidad" construida sobre un consenso básico; y esta coherencia posibilitaba la de la relación realidad-Constitución, al ser -y poder ser- la Constitución expresión (y, por eso, también coherente) de la realidad. Y esta coherencia e intercomunicación implicaba que fuera no solo estática sino dinámica, con una readaptación sucesiva de los diferentes cambios no mecánica sino compleja, pero, históricamente, eficiente. Por ello era también comprensible y explicable a través de los esquemas y categorías que, precisamente a través de ese orden, se habían configurado.

Al desaparecer esa coherencia, todo ese esquema y complejo categorial deja de ser aplicable, al menos en su verosimilitud o, en otro lenguaje, desaparece su plausibilidad.

De ahí que comiencen a ser utilizados también otros planteamientos que, aunque sin sustituir a los anteriores, intentan describir, probablemente sólo describir, no explicar ni "construir" un fundamento y por consiguiente sin "conocer" lo "realmente existente"; se trata, por tanto, de posiciones distintas al Constitucionalismo crítico que, como se viene repitiendo y en respuesta a lo que se está diciendo, plantea esta doble crítica: la epistemológica sobre las categorías existentes y la inclusión de otras (el común, sujeto colectivo, desigualdad, etc.)

Entre las diferentes problemáticas que ahora se plantean, se coincide en destacar como elemento primordial y definitivo la crisis o desaparición, si se toma en su pureza y totalidad sistémica, del principio de jerarquía. Y es que, como se destaca desde la teoría de la organización, la jerarquía es el principio fundamental y fundamentante (de manera que, en este sentido, de manera general, puede entenderse que es el "principio constitucional básico") de las organizaciones que se estructuran en base a él (principio de linealidad-funcional en la citada teoría de las organizaciones) y que, aunque se complementa con otros (como ocurre con la organización específica del Ordenamiento jurídico) tales como el de especialidad o temporalidad, es el que determina la posición y función del resto de los elementos; a partir de lo cual se entiende que también el principio de jerarquía termina determinando a otro que se considera igualmente básico como es el de competencia.

De ahí que se haya acudido a un término que, inicialmente, tiene un significado simple pero al que se le ha dado un cierto nivel de capacidad explicativa como es el de Heterarquía. Aparecido en 1965 (McCulloch) se aplicó primero a las relaciones internacionales[43] y se ha extendido su uso con posterioridad.

Se entiende, pues, que el sistema jurídico constitucional actual ha dejado de ser en su funcionamiento y articulación real, jerárquico y en el que conviven diversas jerarquías y que, en definitiva, se configura como un conjunto de subsistemas.

Otra cosa es que, junto a este análisis que se pretende puramente realista, se añadan otras consideraciones que inciden en las supuestas ventajas de la nueva situación que se vincula a las virtualidades que, se afirma, tienen los sistemas heterárquicos, tales como eliminar las rigideces y permanentes controles, facilitar la articulación de las relaciones sociales, ser más flexible y adaptable a los cambios, incluso más participativo y menos autoritario así como anteponer a la imposición, unidad o coherencia, sencillamente, la comunidad.

Pero aparte de esta defensa de la Heterarquía en la que ahora no se va a entrar (si bien las ventajas que se predican en abstracto y que podrían darse en algunas circunstancias, en las actuales la realidad las desmiente radicalmente), sí interesa señalar dos cuestiones: la primera, es que se parte en todas estas posiciones, llamadas genéricamente "pluralistas" frente a las "constitucionalistas", de la irreversibilidad del proceso. Se entiende que la "fragmentación jurídica", el "pluralismo", en este sentido, en el exterior e interior, es definitivo, de manera que en el mundo actual la estructura y sistemas dominados por el principio jerárquico representan el pasado al que es imposible volver.

Pero, si esto es así, si el principio de jerarquía deja de ser el principio estructurante del orden jurídico, quiere decirse no sólo que toda la construcción del Ordenamiento resulta afectada sino inicial y fundamentalmente la misma idea de Constitución. Porque probablemente ningún concepto incorpora la concepción de jerarquía como la Constitución. Se puede añadir que cabe señalar como antecedente de lo que está ocurriendo ahora con el principio de jerarquía respecto de la Constitución, lo que ocurrió con otro de los conceptos que, si no el orden jurídico sí en el político, expresa también esa concepción de superioridad que se incluye en la jerarquía, como fue el de Soberanía, relacionado por otra parte con el concepto de Constitución en cuanto, como se indica frecuentemente, la Supremacía constitucional es la traducción en el orden jurídico de la soberanía en el orden político. La trayectoria de ambos conceptos , es y en gran medida tiene que ser, paralela. Sobre la crisis de la Soberanía se viene insistiendo, como se indicó, desde hace tiempo . No es una cuestión central en el análisis que ahora se hace pero sí es pertinente alguna consideración relacionada con él.

La crisis proviene de causas que pueden considerarse de naturaleza interna y de naturaleza externa.

En lo que se refiere a lo que se puede considerar causas internas, tiene que ver con el desarrollo del Estado democrático y de Derecho; porque la concepción clásica de la Soberanía entendía que se trataba de un poder que, como se ha calificado (Negri), "trascendía a la ciudadanía" y, por tanto, se comportaba, en la realidad y en el orden jurídico, como un poder "sobre el Derecho" ; pero, como esto no es posible en el Estado democrático y de Derecho, se comenzaron a aplicar adjetivos que relativizaban, limitaban y en realidad destruían, el propio concepto de Soberanía aunque seguía utilizándose como tal.

Por lo que se refiere a las causas externas tienen que ver con los procesos de Globalización y concentración capitalista y la aparición de nuevos poderes desterritorializados e incontrolados; pero se salvaba la supuesta contradicción en el sentido de que se seguía entendiendo que las distintas "señales" que históricamente se han considerado desde Bodino como características y muestras del poder soberano, aunque ahora se ejercían por distintos sujetos externos al Estado como consecuencia de la Globalización, sin embargo, finalmente, existía un elemento, un sujeto que los unificaba, que era el "Pueblo".

Sin embargo, con la aparición de la Unión Europea, este argumento, que probablemente tampoco tenía más fuerza que la de ser un puro artificio lógico pero que tenía su utilidad, se puede decir que desaparece en cuanto las construcciones que se hacen de la Unión Europea la configuran como "un sujeto autónomo", con una legitimidad propia y, por lo tanto, desaparece la "unidad" del sujeto que fundamentaba la Soberanía; ahora, en consecuencia, se trata de la existencia de estos diferentes sujetos que "comparten", contradictoriamente, la Soberanía.

A partir de aquí aparecen otro tipo de formulaciones de carácter "constructivista" entre las que cabe destacar las que sostienen la existencia de un “pluralismo constitucional” y, sobre todo, la que probablemente ha tenido más expansión como es la que considera la existencia del “Multinivel” en el orden constitucional[44]; pero en ambos casos esas “construcciones” contradicen el principio de Soberanía e, igualmente, su traducción jurídica (y constitucional) en el concepto de “Jerarquía” . Y es que la “Jerarquía” se utiliza sobre todo en la construcción Multinivel (Pernice), no tanto como principio sino como funcionalidad, de manera que se sigue manteniendo no porque se trate de un principio superior sino porque se trata de un aspecto que le da funcionalidad al sistema en su conjunto.

Todo ello no supera la contradicción que supone admitir que, respecto de los mismos ámbitos, ya no hay un sujeto al que corresponda “la competencia de las competencias” sino que hay una competencia “funcionalmente ejercida” por distintos sujetos, y seguir partiendo del concepto de Constitución – ahora puramente funcional y fragmentado – como predominante.

Capítulo 2.

Propuesta desde la "complejidad" como nuevo supuesto real y la Ciencia de la complejidad y la Teoría del Caos como instrumentos de análisis.

Pero, en cualquier caso y volviendo a la relación realidad-Derecho, resulta, como ya se advirtió, que el hecho de que no se manifieste esa relación, con la intensidad real existente, en el orden constitucional formal, no implica que no se haga tampoco (con la consiguiente disfuncionalidad y hasta, en ciertos supuestos al menos, dudosa constitucionalidad) en el nivel subconstitucional.

Por el contrario y como se ha visto, los "cambios en la realidad", por decirlo muy generalmente, han generado toda una variedad normativa, acorde con sus exigencias y dinámicas, que ya no es integrable ni explicable desde los supuestos que comprendía esa reflexión teórica que implicaba la concepción de "Ordenamiento jurídico".

Porque lo que se conoce como concepción moderna del Derecho, lo entendía como un sistema "cerrado", de consistencia básicamente entrópica, sustentada en los modelos dinámicos de reproducción normativa, deudores en una u otra forma del modelo kelseniano. Pero lo que se conoce como concepción postmoderna del Derecho[45] (E. Grün) aunque siga considerándolo como un "sistema", se entiende que ya no es un sistema "cerrado" sino "abierto" . Y en este entendimiento del sistema como "no cerrado" se introduce el concepto de "equilibrio jurídico"[46] que tendría la función de recuperar, en otro sentido y a través de otras construcciones, el carácter de "sistema" configurado como "coherente" pese a esas "aperturas" a elementos diferentes. El "Equilibrio" en el Derecho vendría a ser la capacidad que tiene "el sistema" para admitir los cambios del exterior sin romper su nivel de coherencia. No obstante, lo ocurrido -y ya expuesto- con el Derecho, es que sus expresiones actuales han desbordado con creces su capacidad de absorción del cambio (sin perder la coherencia) por lo que tampoco la noción de "Equilibrio" parece suficiente para el análisis, ni, sobre todo, para la descripción de la actualidad del Derecho. Porque de lo que se trata ahora es más que analizar y una vez que se ha hecho ese análisis causal, advertir sus resultados. Una vez más, caracterizar lo que "realmente existe". Y lo que ahora realmente existe es un conjunto múltiple de subsistemas que puede considerarse constitutivo de una característica "complejidad". Por eso tiene sentido apelar a lo que la ciencia contemporánea entiende que es la epistemología adecuada para acercarse a los más diversos sectores de una realidad que se configura a través de "sistemas complejos". La "Ciencia de la complejidad" sería, pues, un "acervo" que suministraría elementos utilizables tanto en las ciencias físicas como en las sociales. Así ha ocurrido y está ocurriendo con la expansión progresiva de la Teoría del Caos, que, como es suficientemente conocido, no significa (como resultaría de su origen griego con la contraposición entre cosmos y caos) desorden sino que se trata precisamente de un tipo de orden y que es el que subyace en esos sistemas complejos[47].

En el campo del Derecho se ha empezado a utilizar de manera general proyectando su aplicabilidad a todo el sistema de producción y reproducción jurídica, en cuanto -se entiende- que se trata de un sistema adaptativo complejo[48]; en otros casos, de manera más específica, se ha aplicado también a la dinámica constitucional general que se considera, igualmente, como un sistema caótico[49].

Sin embargo, la apelación que aquí se hace a la concepción caótica tiene un carácter distinto. Porque se trata de su aplicación no de una manera general al sistema jurídico o al sistema constitucional sino a una situación histórica concreta del nivel jurídico sub y, discutiblemente, constitucional, que , a su vez, es el resultado de una causalidad también específica como es la que procede de las exigencias - actuales- del sistema de dominación, y que, "en su complejidad", ha condicionado la nueva complejidad jurídica; y, además de esa causa material, puede significarse también como importante que un dato (puesto que se parte de la realidad aunque sea jurídica) que se considera fundamental para la posible configuración jurídico constitucional actual como un sistema caótico, es la destrucción o inoperancia, por aquellas causas que se indicaban, del principio de jerarquía, cuestión de gran relevancia en la actual circunstancia como se puso de manifiesto y que tampoco aparece señalado en los planteamientos antes citados. Es lo que, en otros términos, se ha venido señalando como que "el patrón" en la "pirámide" es el control, en la realidad es el caos" (M. Castells).

En base, pues, a todo lo expuesto con anterioridad, podría finalmente entenderse que la situación actual se ajusta a estos elementos de la teoría del caos (a partir, como supuesto negativo, de la no vigencia de los supuestos anteriores que la configuraban sistémicamente) que permiten calificarla como tal:

1º- Dentro de los sistemas caóticos, se distingue entre los sistemas dinámicos continuos, en los que el cambio se produce a través de la evolución y sistemas dinámicos discretos en los que los cambios se producen de manera disruptiva o a saltos. Resultaría, por tanto, y dado que en la circunstancia histórico-jurídica actual predomina no ya sólo la aceleración histórica sino el "Acontecimiento", podría, ciertamente entenderse que cabe dentro de este carácter discontinuo y rupturista que califica a este tipo de sistemas.

2º- El sistema caótico tiene no sólo la característica multitud de variables y componentes de gran diversidad sino que tambien muestra una gran "sensibilidad", en el sentido de que, pese a esta complejidad, pequeños cambios en origen pueden terminar produciendo grandes cambios al final (es lo que se ha popularizado como el "efecto mariposa"). También parece innegable el cumplimiento de esta característica en la actual dinámica jurídica en cuanto en el orden formal son los cambios en el Derecho inferior (el extremo es el antes citado *soft law*) el que termina produciendo efectos fundamentales para el funcionamiento del sistema; todo ello por la especial "sensibilidad" característica también del Capitalismo que explica, asimismo, los decisivos y además necesarios efectos que producen medidas inicialmente de escasa relevancia en el orden del Derecho pero con gran importancia de carácter material (por ejemplo el cambio en los tipos de interés).

3º- En estos complejos caóticos sucede que, según ha puesto de manifiesto la Teoría del caos, pese a esa complejidad de componentes, variables, interdependencias, el elemento que puede considerarse "causal" es de una gran simplicidad.

También esta característica puede encontrarse en la dinámica jurídica actual que, en último término, tiene como elemento causal algo que aunque -como en los sistemas caóticos, se despliega en multitud de formas- su origen ya puede considerarse "simplificadamente" contenido en lo que se entiende como "exigencias del sistema de dominación", de manera todavía más simplificada aunque no menos real y exacta, puede reducirse a "el interés" (financiero dominante que, en cierto sentido, coincide con lo que en el lenguaje de la teoría del caos se conoce como "el atractor" o elemento que actúa como "atracción" y, por tanto, como "dirigente").

4º- De todo lo anterior se deduce otra característica de los sistemas caóticos, que es su "impredictibilidad" por esa extremada sensibilidad a las condiciones iniciales.

También la dinámica jurídica actual muestra esa característica dada la volatilidad de los componentes materiales, de la complejidad, potenciada por la aceleración histórica del "acontecimiento". La prueba mas contundente es la que se expone a continuación.

Capítulo 3.

Los nuevos cambios en el "factor exterior" (Desglobalización - proteccionismo) y sus posibles efectos de "re-estatalización y "reconstitucionalización".

Y es que, efectivamente, todo lo anterior, aunque es actual, también es, en cierto sentido, algo que está dejando de serlo o, en todo caso, que necesita una inmediata corrección. Porque si en momentos anteriores de este trabajo se ha destacado la importancia de lo que genéricamente se llama este "factor exterior" (capitalismo financiero, globalización, regionalización) como componente central de lo que se considera "exigencias del sistema de dominación" y, por tanto, condicionante de buena parte de los desarrollos jurídicos y de su especificidad, hay que hacer constar, en cuanto se parte de la realidad, que ese componente exterior ha cambiado ya y está todavía en fase de cambio por lo que proyecta esos cambios y aún la provisionalidad de los mismos a todo lo que se ha venido señalando .Se mencionó con anterioridad a la guerra de Ucrania. Y ya se advirtió de su influencia. Pero es que su continuidad, su trayectoria y los nuevos aspectos que aparecen ahora desde que se hicieron aquellas afirmaciones, se han vinculado de forma cada vez más intensa al proceso, que ya tenía su propia dinámica, de desglobalización, por lo que es necesario una aproximación renovada a sus efectos en el plano jurídico constitucional.

De nuevo, pues hay que referirse aunque sea inicial y superficialmente, al ámbito de la Geopolítica. Y en este nivel se está generalizando la aceptación de que se está ya en una etapa que se denomina de "transición hegemónica", para referirse a la antes citada crisis de hegemonía estadounidense sin que haya cristalizado todavía una alternativa clara pero que se está configurando en un multilateralismo de nuevas características con el nuevo papel del Sur global y de los denominados BRICS.

La entrada del conflicto Palestino-Israelí en una nueva y distinta fase bélica, con una gran potencialidad de efectos expansivos, subraya la tesis del "Acontecimiento" y se inserta, introduciendo mas variables, en la complejidad de este "factor exterior".

Estos aspectos de inestabilidad y reconfiguración en el orden internacional, producen , en el orden "material", otros efectos como la interrupción de las cadenas de suministro y la disminución en términos cuantitativos (entre otras causas por la vinculación Comercio-Seguridad) de las relaciones comerciales, si bien hay que señalar que es en el campo de los Bienes donde más se manifiesta, porque en el de los Servicios la cuestión es diferente (como ocurre con los procesos de digitalización y el actual desarrollo de la inteligencia artificial) .

Esta nueva transformación del "factor exterior" está produciendo, entre otros, el efecto que aquí interesa señalar especialmente: el proteccionismo o neoproteccionismo. También, como ocurría con la Desglobalización, es un proceso que se había iniciado ya (se suele poner como punto de partida la Administración Trump y su política arancelaria) pero, además de acelerarse, ahora adquiere nuevos significados y complejidad. Así, hay que distinguir lo que puede llamarse el "Proteccionismo de bloques" para referirse al que se desarrolla en el interior de los antes mencionados, respecto -contra- el otro y que, además, en el caso del bloque occidental tiene como consecuencia inmediata, que también debe tenerse en cuenta, el aumento enorme de la presión de los Estados Unidos sobre la Unión Europea, de manera que es la OTAN la que se erige como elemento de decisión; y en relación con lo que antes se indicaba sobre el distinto carácter de la Globalización en materia digital, debe indicarse el control que los Estados Unidos ejerce en la Unión Europea respecto de las grandes tecnológicas (y que se está poniendo últimamente de manifiesto de la manera más evidente a través del nombramiento de los cargos decisivos en la materia de la Unión Europea y que son "técnicos" estadounidenses)[50].

Estos dos hechos relacionados, la interrupción de la Globalización y el Proteccionismo progresivo, implican, parece que necesariamente, un proceso complejo que afecta el interior de los Estados (en cierta contradicción en algún aspecto con lo indicado antes acerca de la presión de los Estados Unidos sobre la Unión Europea) y que puede abrir espacios para una "reestatalizacion" con una reactivación de lo público (ya puesta de manifiesto previamente en la respuesta a la Pandemia) y, en lo que aquí más importa, a una "reconstitucionalización", con dos niveles de consideración: uno de carácter material y otro de carácter formal.

El de carácter material se refiere a los efectos que conlleva el debilitamiento (o, como a veces se prefiere, la "transformación") de la Globalización; porque con ese debilitamiento se ha debilitado lo que, en el análisis que se viene haciendo, se denominaba "factor externo", al que se consideraba componente básico de las "exigencias del sistema de dominación" en la fase actual del Capitalismo financiarizado; y como, a su vez, esas exigencias del sistema de dominación son -se sostenía- el elemento dominante en la dinámica constitucional (en este caso para eludirla o impedirla), su pérdida de influencia puede permitir que el otro elemento que se consideraba básico y en cierta forma alternativo, como era el Conflicto , pueda adquirir nueva relevancia

Este aumento en la relevancia del Conflicto en el interior, remite a la cuestión de si se va a una fase como la del pluralismo conflictivo, con posible proyección en el cambio jurídico constitucional, recuperando la posibilidad del poder constituyente, o a un pluralismo integrado, con efectos solamente materiales o en todo caso subconstitucionales. Lo que está ocurriendo en España es que el pluralismo que se presentaba como conflictivo y en definitiva, el Conflicto, tienen efectivamente mayor relevancia pero, todavía al menos, intrasistémica. Se incorpora al Sistema a través de "la negociación", dando lugar a lo que podía llamarse una "democracia de negociación"[51]. Los acuerdos tripartitos (gobierno, patronal, sindicatos) en materia laboral reproducen en cierta forma los que se propugnaban en alguna etapa de vigencia del Estado social; y es que, parece, que este es el proceso: tras la fase que se denominó del "vínculo externo" y su predominio (estabilidad, financiarización) se produce una reactivación del "vínculo interno" (crecimiento y pacto en distintos niveles).

El otro nivel de referencia, el de carácter formal (al menos inicialmente, aunque de él deriven efectos no estrictamente formales) es el de Jerarquía. Porque ese Proteccionismo y esa debilidad del factor exterior, favorecen y posibilitan, respectivamente, una "recuperación", real, de la Constitución, lo que, por consiguiente, supone la revalorización del principio de jerarquía.

Pero dada la característica no sólo Heterárquica, como se indicaba, sino "Caótica", del Derecho actual, la introducción de la jerarquía tiene o puede tener distintos efectos. Porque si se partiera de que la Constitución recupera su virtualidad, su Supremacía fundamentante y su Normatividad, podría afirmarse que se eliminaría la situación caótica. Pero como no es así en su totalidad sino, de nuevo, aunque sea en otra medida, fragmentariamente, lo que se puede señalar que produce es lo que, desde la teoría del caos se conoce como "control" o "dirigente", que consiste en la posibilidad de hacer que ese mundo caótico termine produciendo los efectos pretendidos. Esta sería la función de la "Constitución fragmentada" en ese "mundo caótico" actual en el que puede desarrollar funciones (que se entiende son los problemas básicos del "control" en esa teoría del caos) que posibiliten lo que se denomina "la superación" de determinados efectos - negativos- del caos y, consiguientemente, una cierta capacidad para estabilizarlo y fijarlo en torno a un componente que produzca el "equilibrio", es decir, en buena medida, favorecer la predictibilidad propia del "sistema" y no del "caos".

Y, finalmente, cabría señalar la posible producción de otro efecto que se denomina "la sincronización del caos", con lo que se entiende el "encauzamiento" de las relaciones entre sistemas caóticos de manera que, en el lenguaje de esa misma teoría presenten "oscilaciones semejantes"[52]. Es lo que podría hacer –relativamente- la "Constitución recuperada" para acoger el factor exterior (expresado en las formas jurídicas antes citadas) y el interior estatal.

Capítulo 4.

De la categoría de sistema (jurídico)a la del caos, una cuestión epistemológica.

En trabajos anteriores y especialmente en el inmediato a este (en el ya citado "la situación constitucional") y también en este mismo, se partía de supuestos y categorías que ahora, sobre todo en la parte final de este trabajo, se relativizan, incluso, puede entenderse que se contradicen, lo que requiere una correspondiente fundamentación.

Los supuestos de referencia son también los más comunes que han presidido el pensamiento occidental tanto en el orden cultural como en el científico y entre los que destaca el de "unidad", que ha tenido un especial protagonismo tanto en el conocimiento científico-social como en el científico-natural por usar una terminología habitual. Con la brevedad requerida hay que señalar que la "unidad" ha tenido en ambos campos y como es bien conocido, una valoración positiva, frente a la fragmentación y la "división".

En el primer campo señalado y específicamente en el socio-político, ha tenido lugar sobre todo a partir de la concepción, como una exigencia, de la unidad del Poder político y todas las concepciones vinculadas a este tipo de unidad y que después, en el Capitalismo, se ha utilizado ideológicamente como elementos de anticonflicto; y en el segundo, se sigue aspirando al "conocimiento unitario" a "la unidad del conocimiento", tanto en general como en sectores concretos[53]. Es a estos efectos ejemplar en el campo de la física la conocida como "Teoría del todo" de S. Hawking.

Pero, en ambos campos, se parte de estos dos supuestos epistemológicos:

Primero. Que el objeto del conocimiento para ser precisamente tal, es decir, para ser "conocido", debe tener una estructura, formar un conjunto de interacciones que le definan como "sistema".

Segundo. Que, en base a lo cual, es posible, con el método científico, introducir la certidumbre, en buena medida, el "determinismo".

Es lo que configuraba la racionalidad moderna.

En el Derecho, estos supuestos adquieren especial relevancia y significación, porque, ciertamente, el Derecho moderno se ha configurado en base a unas exigencias tales (que debía reunir la "producción normativa") que hacía que fueran tan evidentes como necesarios esos dos supuestos.

Se trataba, pues, de un conjunto interaccionado de normas, es decir, de un "sistema" jurídico, de una parte y también, necesariamente, de un "determinismo" normativo.

De ahí que cuando se trató en el trabajo citado, (La "Situación constitucional") a partir de estos supuestos, de analizar la realidad (jurídica) actual se tuvo la constancia de que ya no se correspondía con ellos. Y se concluía que dado los caracteres que presentaba y, entre otros, la inexistencia de esa unidad requerida, no era posible seguir aplicando las mismas categorías, lo que hacía también problemática la posibilidad de una Teoría y hasta de un Derecho constitucionales, basados en aquellos supuestos "sistémicos".

Y de ahí también que se acudiese, inicialmente, a una categoría en buena medida ajena al Derecho (situación) y "neutra" en su significado. A partir de lo cual cabe hacer dos observaciones: que se trataba de una calificación de "presente", circunstancial y momentánea, pero que integraba un horizonte funcional de posibilidades, es decir, unas posibilidades abiertas a distintas dinámicas; y, por otra parte, que de lo que se ha tratado ahora es, precisamente, de mostrar la dinámica seguida. Y ha sido esa dinámica y las nuevas "situaciones" a las que conduce, las que han requerido, por los caracteres que presentan, acudir a otra epistemología: la de la complejidad y , en relación con ella, a algunos aspectos de la Teoría del caos. No es, por otra parte, una posición original o estrictamente personal (otra cosa puede ser su concreta utilización o aplicación) sino que se inscribe en una fase de lo que se puede llamar "mutación epistemológica", relativamente generalizada, de ruptura con los supuestos reduccionistas anteriores. Y, de nuevo hay que señalarlo, por exigencias de la realidad, con su generalizada característica aplicable a multiplicidad de campos que vienen a configurarse como realidades complejas, por lo que puede hablarse de interdisciplinariedad y superación de las diferentes "disyuntivas".

Se aprecia así la relación epistemología-cambio social y el carácter histórico de esa epistemología que difiere tanto de la Historia de la Ciencia como de la posición de algunos autores como Khun sobre las revoluciones científicas en la que se privilegió el factor interno de la dinámica científica (a diferencia de lo que se hace aquí) además de que tampoco la categoría de "paradigma" (que remite a supuestos unitarios) sería ahora real y que allí se utiliza de manera preferente. Y también, otra vez, habría que tener en cuenta la repercusión en esta materia no sólo de la "aceleración histórica" sino del Acontecimiento, en este caso sería el Acontecimiento epistemológico, es decir, la ruptura epistemológica, en cuanto trasciende los diferente ámbitos metodológicos y se apoya ahora en lo que se entiende como "conocimiento", lo que ,ciertamente, exige acudir a otras categorías.

Así volviendo al Derecho, hay que trascender las categorías reduccionistas referidas a la "estructura unitaria" así como al "determinismo" en la producción normativa, para introducir las correspondientes y en buena medida antitéticas que se citaban en esa epistemología del caos (complejidad, interdisciplinariedad, y específicamente, incertidumbre).

Capítulo 5.

"Desorden" Jurídico – "Orden" Social.

De nuevo se trata de la relación Derecho-Realidad, en su historicidad , que, ahora, es la "actualidad". y, de nuevo también, debe plantearse desde los mismos supuestos que se han venido utilizando, si bien con la peculiaridad (que procede de esa historicidad) de que ya no se trata -solamente- de la relación directamente existente entre esos dos términos entendidos como entidades homogéneas , sino que hay que indicar – y se puede admitir que con carácter previo – la complejidad del primero, en cuanto "el Derecho" comprende dos componentes distintos e, inicialmente, contradictorios, que coexisten y que condicionan , a la vez que – anticipando conclusiones – son resultado de la dinámica global actual.

De una parte, el componente sistémico, el conjunto normativo estructurado como sistema que, formalmente, permanece y que es, si no en su totalidad si fundamentalmente, de naturaleza constitucional.

Y, de otra parte, el resto del Derecho, a su vez de distinto tipo, que se sitúa fuera o contra los contenidos del anterior, que procede de otras fuentes y que, no obstante, tiene vigencia.

Es, además, una relación entre esos componentes que (salvo cuando pueda considerarse una relación entre ordenamientos[54]) se manifiesta como desarticulada en cuanto es indefinida, no predecible ni continua porque es "inestable".

Supuesto lo cual puede entenderse que se problematiza la que es una función básica del Derecho como es la de producir – o contribuir de manera tan importante como específica – un "orden" que, tiene un doble contenido: un contenido que puede considerarse endógeno al propio Derecho, de carácter formal , como es el que resulta del régimen de producción normativa y la interrelación resultante y otro de contenido exógeno como es el de su proyección y vocación de producir un Orden en las relaciones sociales.

Por eso, puede afirmarse que en todo Derecho se encuentran un elemento "técnico" y otro "material" y que es, preferentemente, a través de este, como se establece su vinculación mas directa con la realidad ; en base a lo cual se diferencia el Derecho en el que predomina el aspecto técnico o formal y en el que predomina el material, señalándose que, a medida que aumenta la jerarquía de las normas, singularmente en el Derecho Público en general y, muy especialmente, en el Constitucional, aumenta el contenido del elemento técnico (aunque incluya otros como el axiológico o valorativo) de mayor influencia en la configuración del Órden jurídico, aunque incluye también un "valor" formal tan importante como la seguridad jurídica.

Consiguientemente, es el Derecho subconstitucional (y específicamente, el Derecho Privado) el que se carga mas de contenido material y se vincula mas exclusivamente a realidades concretas.

Por tanto, puede deducirse, a partir de lo expuesto, que existe un "Desorden" en la situación jurídica actual.

Pero, a continuación, hay que considerar al otro término de la relación que se contemplaba, el de la realidad. Y la realidad actual – hay que subrayarlo de nuevo porque, como se ha indicado, es el hecho dominante – es la del Capitalismo financiarizado y globalizado ; y este Capitalismo tiene las características ya referidas pero hay una fundamental en este análisis y que por eso debe repetirse; y es que el beneficio no lo obtiene de la explotación del Trabajo, es decir, mediante la plusvalía sino a través del mecanismo descrito como "Dinero produce dinero", lo que, en otros términos se designa como "ganancia". El instrumento básico es la Deuda que genera no ya propiamente relaciones laborales, sino de otro tipo que terminan comportándose como "relaciones de poder"

En estas condiciones , el Capitalismo financiero es "autónomo". Es decir necesita y le vasta esa autonomía para que se produzca y reproduzca la subsunción real de la Sociedad en el Capital a través de la Financiarización[55]. Y para tener esa "Autonomía" que le posibilita esa expansión que supone la "Subsunción", el Capital financiero solo necesita estos dos requisitos, que, en ámbitos diferentes, tienen un contenido bien distinto y aún contrario : en el ámbito general , institucional (en buena medida, estatal) demanda "Seguridad", mientras en el suyo propio, el de su actividad, demanda ausencia de control, en cierta forma ,"inseguridad" .

El primer aspecto, el de la Seguridad (y, ciertamente , de manera destacada , la jurídica) es, siempre, una exigencia de todo tipo de Capital, pero se acentúa en este , de condición básicamente especulativa, especialmente sensible al "riesgo" y que actúa bajo el supuesto de la permanencia de ese "Orden".

El segundo aspecto es el conocido habitualmente como "desregulación", pero tal des-regulación se refiere únicamente a la que "se le imponga" , pero no es una des-regulación total; como toda relación económica- comercial, en definitiva todo mercado, necesita cierta institucionalización y regulación y lo que sucede en este caso es que se trata , en términos reales, de una "auto- regulación": es una normativa – como se ha visto – de escasa consistencia jurídico-formal (conforme a las categorías del Estado de Derecho) procedente bien de acuerdos intercorporativos bien de ciertos órganos que (como el F.M.I., destacadamente) pueden considerarse "representativos" del mismo, reúne las características exigidas tanto de libertad para los contenidos como flexibilidad y facilidad para cambiarlos y es un Derecho "inestable" y adaptable a la variabilidad y volatilidad de este tipo de capital (una muestra significativa es lo que ocurre en los Mercados Financieros)

Pero , precisamente, como es un Derecho inestable de contenido circunstancialmente cambiante, también lo es la relación que guarda con el componente sistémico, en el sentido de que es variable la norma o contenido del mismo que puede resultar afectado. Por eso, dentro de esta problemática general , adquiere especial importancia esta "variabilidad" respecto de la Constitución formal. Y es que, dependiendo de las circunstancias , la contradicción , el desconocimiento o divergencia respecto de la Constitución se puede producir respecto de partes distintas de la misma; con lo cual se convierte también en – materialmente – variable, la vigencia , normatividad y cumplimiento real , de la Constitución . Sucede así que la Constitución resulta – de hecho – afectada en esas características centrales de la misma como son la permanencia y la continuidad, de tal manera que, desde esta perspectiva adquiere un carácter – impropio - de provisionalidad, que permite calificarla de "Constitución precaria".

Con ello se está aludiendo a un hecho de especial importancia, significación y expansión social (hasta llegar , como se acaba de ver, hasta el nivel más alto de la Constitución) como es la "precariedad", lo que justifica una cierta referencia a la misma.[56].

Como es bien conocido, el término (y su contenido) se utilizó inicialmente en el ámbito laboral para calificar la situación en la que – tras la crisis del Estado social y las sucesivas crisis económico- sociales – se encontraba el trabajador que, a la inseguridad e inestabilidad en su puesto de trabajo se unía la disminución de sus medios de defensa (como el valor de la negociación colectiva frente a la capacidad de decisión prácticamente total de la empresa) así como la consecuente reducción salarial, lo que le lleva a una indigencia tanto jurídica como económica que se expresaba en las nuevas formas de los "contratos 0" (de cero horas) y del "trabajador pobre" (working poor), respectivamente. Pero lo que ahora interesa señalar es la expansión y efectos de esa situación. Venido señalando, a la Desigualdad como fenómeno causal general propio del Capitalismo y aumentada y especificada con el Financiero y sin que el "crecimiento" haya tenido efectos mitigadores; es un elemento social central e " irradiador" de múltiples desajustes en los mas diversos ámbitos[57]; entre ellos está el de la "precarización" comprensivo de las mayorías sociales (aunque tenga peculiaridades y se acentúe en los diversos sectores como ocurre –también aquí - con la "brecha de género") que ante el "recorte" o desaparición de derechos , apoyos y ayudas públicas han tenido que recurrir – y aún desde esta situación de necesidad y debilidad – a las "ofertas" (mercantiles) del ámbito privado (como ocurre con los "fondos" y, ejemplarmente con los "fondos de pensiones") ; de nuevo, pues , es el Capital Financiero el que se beneficia de esta situación y absorbe buena parte de esas "rentas de trabajo precario".

Pero, además de este efecto "privado", la precarización generalizada tiene una importante repercusión pública . Porque la precariedad y la Deuda se confirman progresivamente como elemento fundamental de la "Gobernanza" hasta el punto de llegar a considerarse , desde cierta perspectiva, como un componente fundamental de la "Constitución material". En cuanto este proceso desalienta la participación y aumenta la desafección al sistema, produce un empobrecimiento de la Democracia y se convierte, objetivamente, en un factor de "estabilidad" desde esta connotación negativa , si bien, potencialmente, tendría suficiente capacidad para plantear el "conflicto", como se puso de manifiesto con el movimiento Euro May Day en los primeros años de este siglo y que se considera "precedente" de los posteriores Ocupy Wall Street y "los indignados"; se teorizó entonces (Negri) que, dadas las características de la precarización, su expansión y diversidad de planos podía convertirse en un lugar de convergencia y de lucha por el Común como factor constituyente.

Volviendo al discurso central en la cuestión que se viene tratando, y, recapitulando, se decía que el Capitalismo Financiero necesitaba en el y del ámbito público-estatal, una garantía de "Orden" (cuando no es así acude a los "valores refugio": Deuda Soberana, oro, dólar) y en el privado de flexibilidad y variabilidad acentuada en la actual "era de la volatilidad".

A partir de lo antes expuesto, puede concluirse que, respecto de la primera exigencia (desde el Derecho, como se viene considerando) se la proporciona el componente jurídico sistémico , que permanece y, singularmente, la Constitución , porque si bien – se decía – que podía ser "precaria" en sentido material y, además , de una precariedad variable, sin embargo, en el nivel formal, se mantiene en su totalidad , de manera que (de forma relativamente simétrica a lo que ocurría en el material) se puede utilizar y activar, según las circunstancias , el aspecto de la misma que la situación requiera, haciendose valer entonces toda la garantía que suministra su normatividad y supremacía , que aunque se extiende a todos los ámbitos, en este , macrosocial y público-colectivo, tiene especial relevancia.

Y , respecto de la otra exigencia o necesidad del Capital Financiero (igualmente en el ámbito del Derecho), esas posibilidades de variabilidad y adaptación inmediata y flexible a los cambios , se lo proporciona ese otro componente no sistémico del Derecho. De manera que ese, inicialmente caracterizado porque realmente lo es, como complejo jurídico "caótico", formado por el componente sistémico que permanece y el no sistémico que cambia, proporcionan los elementos requeridos antes citados, de "seguridad" e "inseguridad" respectivamente.

Resulta así que el "Desorden" jurídico termina produciendo o contribuyendo de manera decisiva, un "Orden" social o socioeconómico , lo que, en último término y aunque desde otros supuestos, se podría seguir afirmando como habitualmente se sostiene, que el Derecho cumple esa finalidad que se le atribuye , también en esta circunstancia.

Igualmente se manifiesta que la específica aceleración histórica de la etapa actual, que parece superar incluso la del

Acontecimiento, como se la calificaba, para instalarse tanto en la "policrisis" como en la "permacrisis" (a partir de las complejidades que abre ese nuevo conflicto en Oriente Medio que avala la tesis sobre la permanencia instrumental del "estado de guerra") genera nuevos elementos favorables a la "estática constitucional", incluso a su retroceso y (aunque , sin duda, introduciendo factores políticos y de seguridad en las relaciones comerciales) con un claro sentido y efecto económico; se puede afirmar que esta es la fase en la que la economízación del Derecho y especialmente de la Constitución y del Derecho Constitucional se hace mas evidente, deteniendo , por el momento, ese "progreso de los paradigmas constitucionales" que se indicaba (Haberle) e invirtiendo el proceso de constitucionalización del orden económico[58].

Se puede por todo ello afirmar , finalmente, que ese complejo jurídico caótico formado por los elementos sistémicos y no sistémicos, se puede considerar como – aunque en otro contexto – lo que se ha denominado "el Código del Capital", en cuanto a ese Código se le atribuye – entre otros caracteres – como virtualidad necesaria, lograr la coherencia (siempre en términos reales) entre los elementos extra e intraestatales que ahora se produce[59].

Notas

1 M.Fioravanti, Constitución, Ed. Trotta, Madrid, 2001.

2 G. Zagrebelsky, Historia y Constitución,Ed. Trotta, Madrid, 2005.

3 J. Torres, Más dificil todavía, Ed. Deusto, Barcelona, 2023.

4 C. de Cabo, La "Situación Constitucional" actual desde el Constitucionalismo crítico, Ed.Aranzadi, Pamplona, 2023.

5 M. García Pelayo, Derecho Constitucional Comparado, Edit. Revista de Occidente, Madrid, - 1961. Señala que "de Hamilton a Madison", los constituyentes trataron de evitar "el despotismo de las urnas", como se llamó al peligro de que "los pobres" impusieran sus intereses mediante el voto, por lo que, sin reparo alguno y por esa razón, establecieron el sufragio censitario y un sistema de frenos y equilibrios destinado a desnaturalizar la esencia misma de la Democracia."

6 F. Claudin, Marx, Engels y las Revoluciones de 1848, Edit. Siglo XXI, (España), 1975.

7 Solé Tura, E. Aja, Constitución y periodos constituyentes en España, (1908-1936) Ed. Siglo XXI (España), 2009.

8 J. M. Jover, Conciencia obrera y Conciencia burguesa en la España Contemporanea, Ed. Ateneo, Madrid, 1952.

9 J. Ferrando Badía, La Primera República española, Edit. Edicusa, Madrid, 1973.

10 N. Perez Serrano, La Constitución española , Edit. Revista de Derecho Privado, Madrid, 1932.

11 C. de Cabo Martín, La República y el Estado Liberal, Ed. Tucar, Madrid, 1977.

12 J. Varela Suances-Carpegna, Constitucionalismo antiguo y moderno, sobre el libro (del mismo título) de C H. Mc.Ilwain (traducción e introducción de J. Solozabal, (Edit. CEPS, 2016), REDC, N°110, [2017].

13 M. Fioravanti, cit.

14 G. Zagrabelsky, Historia y Constitución cit.; Madame de Stael, Consideraciones sobre la Revolución Francesa, Ed. Arpa, Barcelona, 2017.

15 R. Smend, Constitución y Derecho Constitucional , Centro de Estudios Constitucionales, Madrid, 1985. Sobre esa propuesta, significado e implicaciones, el libro básico es P. Lucas Verdú, La lucha contra el Positivismo en la República de Weimar , Ed. Tecnos, Madrid, 1987.

[16] J. G. Casanova, La idea de Constitución en Karl Loewenstein , Revista de Estudios Políticos, nº 139, 1965.

[17] De la Teoría general de Sistemas a las ciencias de la complejidad, J. Navarro Cid, Tesis Doctoral, Univ. De Barcelona, 2001.

[18] J. Habermas, Facticidad y validez, Ed. Trotta, Madrid, 2010. A. Babieri Durao, El Derecho como forma de integración social en Habermas, Rev. Analecta Política, V. 11 [21], 2021, U.P.B., Medellín.

[19] E. Perez Touriño, Modos de Producción, Sistema económico y análisis económico, Cuadernos de Economía, Vol. 11, Nº 32, Univ. De S. de Compostela.

[20] R. Alvear, Ch. Haker, Teoría de sistemas crítica y Teoría crítica de sistemas sociales, Rev. MAD, 42, 2020,Univ. De Chile.

[21] Enfoque dialéctico – sistémico para la administración estratégica del conocimiento en el contexto social (S. Cabrera, F. Josa, Revista del Centro de investigación y estudios gerenciales-CIEG-, Nº 51, Universidad de Barquisimeto, Venezuela, 2021.

[22] Desde "el Común" (Ed. Trotta, 2017) ; Desigualdad real y Constitucionalismo crítico (CEPC, 2021) ; "Pluralismo (del Norte), Epistemología (del Sur"), Ed. Aranzadi, 2022 ; La "Situación Constitucional" desde el Constitucionalismo crítico, Ed. Aranzadi, 2023.

[23] H. Rosa, Alienación y Aceleración. Hacia una teoría crítica de la temporalidad en la modernidad tardía , Ed, Katz, Barcelona, 2016; Remedio a la aceleración: ensayos sobre la Resonancia, Ed. NED (Nuevos emprendimientos editoriales), Barcelona, 2019.

[24] F. Balaguer, La Constitución del Algoritmo, Fundación Manuel Gimenez Abad , Zaragoza, 2022.

[25] R. Ordoñez, Amor y Furia. Activismo frente a la emergencia climática, Ed.Tres Hermanas, Madrid, 2023.

[26] J. Stiglitz, El precio de la Desigualdad, Ed. Taurus, Madrid, 2012.

[27] R. Mendes, Tiempos críticos para el Capitalismo Global, Ed. Revives, Madrid, 2023.

[28] C. de Cabo, La "Situación constitucional", cit.

[29] F. Balaguer, La Constitución del Algoritmo, cit.

[30] C. Schmitt, Teología Política, Ed. Trotta, 2009 (el primero de los ensayos que incluye, sobre la Soberanía, es de 1922).

[31] El caso de A. Negri es particularmente significativo (" El Poder Constituyente", Ed. Traficantes de sueñosMadrid, 2015 ; la primera edi-

ción es de 1992) sobre todo en el tratamiento de esta cuestión en la etapa preconstitucional

32 P. Haberle, Tiempo y Constitución , Ed. Palestra, Lima, 2017.

33 Antonio de Cabo de la Vega, Gerardo Pisarello Prados, Constitucionalización , mundialización y crisis del concepto de Soberanía, (editores), Universidad de Alicante, 2002.

34 Hace ya algún tiempo se puso de manifiesto el carácter que, en este sentido, ha tenido la Reforma Constitucional, que se acentúa en las circunstancias actuales (C. de Cabo, La Reforma Constitucional en la perspectiva de las Fuentes del Derecho, Ed. Trotta, Madrid, 2003).

35 Hay que destacar la importancia y repercusión que alcanzó el excelente trabajo del Profesor P. Lucas Verdú, El Derecho Constitucional como Derecho Administrativo. La ideología constitucional del Prof. E. García de Enterría, RDP, Nº 13, 1982.

36 F. Balaguer, La Constitución del Algoritmo, cit.

37 Debe hacerse una aclaración cuando se hace la crítica al T.C. español. Y es que, si bien, objetivamente, se expresa como tal en la jurisprudencia "mayoritaria", hay que hacer referencia a la importante doctrina "minoritaria" que, en esta y otras materias, expresan los, excelentes, en buen número de casos, "votos particulares" que singularizan al T.C. español. No está hecho el trabajo de recopilación y análisis en todos sus aspectos de la importante aportación de esta doctrina , en buena medida, "contramayoritaria".

38 El Libro de Popper se publicó por primera vez en Londres (Routledge) en 1945.

39 P. Haberle, Pluralismo y Constitución, ED. Tecnos, Madrid, 2002. El subtítulo es " Estudios de Teoría Constitucional de la Sociedad abierta".

40 P. LucasVerdú, La Constitución abierta y sus enemigos, cit.

41 D. Meier, El nacimiento de la Heterarquía, Le Monde Diplomatique (español), febrero, 2022.

C. Caballero-Lois, L. Magno Pinto-Bastos, Pluralismo Constitucional y espacios trasnacionales: ¿el fin de la Constitución o nuevo comienzo?, Revista de Derecho del Estado, Univ. Del Externado de Colombia, 2018.

C.L. Perlo, M. Rosario de la Riestra, M.V. Lopez Romorini, Aprendizaje organizacional y Poder : Jerarquía ,heterarquía y redes, Instituto

Rosario de Investigación en Ciencias de la Educación –Conicet- UNR-Rosario, 2009.

42 A. Attili,Derecho y Poder en la crisis de la Soberanía, Revista de Estudios Políticos (Nueva época), nº 103, 1999.

43 A. de Cabo de la Vega, G. Pisarello Prados, Constitucionalismo y crisis del concepto de Soberanía : algunos efectos en América Latina y en Europa, Universidad de Alicante, 2023.

44 J. A. Estevez Araujo, Crisis de la Soberanía Estatal y Constitución Multinivel, Anales de la Cátedra,Francisco Suarez, 40, Barcelona, 2006.

45 E. Grun, El Derecho postmoderno: un sistema lejos del equilibrio, Biblioteca virtual M. de Cervantes, Alicante, 2005.

46 H.G. Prieto, Equilibrio jurídico. Bases para su conceptualización en una teoría dinámica del sistema jurídico, Universitas, (Revista Javeriana, supp. 116), Bogotá, 2008.

47 R. Lewin, El caos como generador de órden, Ed. Tusquet, Barcelona, 1995.

E. Lorenz, La esencia del caos, Ed. Debate, Barcelona, 1995.

48 P.M.M. Romero, Caos, complejidad y Derecho: Aportaciones de John B. Ruhl, Anales de la Cátedra F. Suarez, nº49, 2015. (Rev. U.G.R.) ; asimismo: Teoría de la complejidad, caos y Derecho : una lectura jurídica de las dinámicas emergentes y no lineales, Ed. M. Pons, Madrid, 2017.

R. Cárdenas, La Teoría del caos y su aplicabilidad para el análisis y comprensión de los fenómenos jurídicos, Ed. Universidad de Lima (Libro homenaje), 2006.

49 R.M. de la Torre Torres y S. Jara Guerrero, La dinámica constitucional: un sistema caótico, Cuestiones constitucionales (Revista Mexicana de Derecho Constitucional, nº 26, 2012).

50 El reciente – y criticado – nombramiento de un ex alto cargo del Gobierno de los Estados Unidos para dirigir, en la U.E. , la política a seguir sobre las grandes empresas tecnológicas europeas (Dirección General de la Competencia), muestra, sin reparo alguno , el tipo de relación existente.

51 A .Rodriguez Liñán, J. de León Morales, Control de Sistemas caóticos, Ciencia UANL, nº 101, Universidad Autónoma de Nuevo León , Monterrey, 2008.

52 C. Reinoso, Complejidad y Caos : una exploración antropológica, Ed. Sb, Buenos Aires, 2020.

[53] E.O. Wilson, Consilience. La Unidad del conocimiento. Ed Galaxia Gutenberg, Barcelona, 1994.

[54] Es ejemplar en este sentido la aportación de J.F. Sanchez Barrilao, Pluralismo Ordinamental y Derecho Constitucional: El Derecho como relaciones entre Ordenamientos jurídicos, Ed. Aranzadi, Pamplona, 2021.

[55] M. Hard, A Negri, A propósito de Constitución y Capital financiero, Rev. Rebelión (Uninomade), 10,12, 2012.

[56] Guy Standig. El precariado, una nueva clase social, Ed. Pasado y Presente, Barcelona, 2013.

[57] C. de Cabo, Desigualdad real y Constitucionalismo crítico, CEPC, Madrid, 2021.

[58] K. Pistor, El Código del Capital, Ed. Capitán Swing, Madrid, 2022.

[59] F. Balaguer, Una interpretación constitucional de la crisis económica, REDE, nº19, 2013.